Szeretet:
a törvénynek betöltése

Szeretet:
a törvénynek betöltése

Dr. Jaerock Lee

Szeretet: a törvénynek betöltése Szerző: Dr. Jaerock Lee
Kiadta az Urim Books (Képviselő: Sungnam Vin)
73, Yeouidaebang-ro 22-gil, Dongjak-gu, Szöul, Korea
www.urimbooks.com

Minden jog fenntartva. Ez a könyv vagy annak részei nem reprodukálható semmilyen formában, nem tárolható előhívható rendszerben, nem sokszorosítható semmilyen formában vagy eszköz által, elektronikus, mechanikai vagy fénymásolt, rögzített vagy más formában, a kiadó előzőleges írásos beleegyezése nélkül.

Ha másképp nem jelöltük, az összes bibliai rész a Károli Bibliából származik. Engedéllyel felhasználva.

Copyright © 2020 Dr. Jaerock Lee
ISBN: 979-11-263-0529-2 03230
Fordítói Copyright © 2014 Dr. Esther K. Chung. Engedéllyel felhasználva.

Első kiadás 2020 február

Eelnevalt kirjastatud korea keeles 2009. aastal: Urim Books, Söul, Korea

Korábban koreai nyelven kiadta az Urim Books, 2009-ben.

Szerkesztő: Dr. Geumsun Vin
Tervezte az Urim Books tervező részlege
Nyomtatva a Prione Printing által
További információért lépjen kapcsolatba: urimbook@hotmail.com

*„A szeretet nem illeti gonoszszal a felebarátot.
Annakokáért a törvénynek betöltése a szeretet."*

Rómaiakhoz 13,10

Előszó

Remélem, hogy az olvasók Új Jeruzsálemet birtokolni fogják a spirituális szeretetükkel

Egy reklámcég az Egyesült Királyságban egy kérdőív által megkérdezte a lakosságot, hogy mi a leggyorsabb módja annak, hogy valaki Edinburgh-ból, Skóciából Londonba, Angliába utazzon. Annak a személynek, akinek a válaszát kiválasztják, nagy jutalmat adnak, ezt ígérték. A válasz, amit valójában kiválasztottak, ez volt: „utazz egy szeretteddel." Tudjuk, hogy ha a szeretteinkkel utazunk, akár a hosszú távolságot is rövidnek érezzük. Ugyanígy, ha szeretjük Istent, nem nehéz számunkra, hogy átültessük a gyakorlatba az Ő Szavát (1 János 5,3). Isten nem azért adta nekünk a törvényt, és nem azért mondta, hogy tartsuk be a parancsolatait, hogy nehézséget okozzon nekünk.

A „törvény" szó a héber „tóra" szóból ered, amelynek értelme: „alapszabály," és „lecke". A Tóra általában Mózes öt könyvére utal, amely magában foglalja a Tízparancsolatot. De a „törvény" a Biblia hatvanhat könyvére is utal, mint egészre, és az alapszabályra azzal kapcsolatban, amit Isten mond arról, hogy tegyünk, ne tegyünk, vagy dobjunk el bizonyos dolgokat magunktól. Az emberek lehet, hogy azt gondolják, hogy a törvény és a szeretet nem kapcsolódik egymáshoz, de nem is lehet elválasztani őket. A szeretet az Istené, és ha nem szeretjük Istent, nem tudjuk megtartani a törvényt teljesen. A Törvényt akkor lehet teljesíteni csak, ha gyakoroljuk a szeretetet.

Van egy történet, amely megmutatja nekünk a szeretet erejét. Egy fiatal férfi lezuhant, amikor átrepült a sivatag fölött egy kis repülőgéppel. Apja egy nagyon gazdag ember volt, aki felbérelt egy mentőcsapatot, hogy megtalálja a fiát, de hiába. Több millió szórólapot szót szét a sivatagban. A szórólapon ez volt: „Fiam, szeretlek." A fiú, aki vándorolt a sivatagban, talált egy szórólapot, és bátorságot kapott, és sikerült, hogy végül megmentették. Az apa igazi szeretete mentette meg a fiát. Ahogy az apa elterjesztette a szórólapokat az egész sivatagban, nekünk is az a feladatunk, hogy elterjesszük az Isten szeretetét, hogy számtalan lelket elérjen.

Isten bebizonyította a szeretetét azzal, hogy az egyszülött Fiát, Jézust, elküldte a földre, hogy megmentse az emberiséget, amely bűnös volt. De a törvényeskedők Jézus idején csak a törvényre összpontosítottak, és nem értették meg Isten igaz szeretetét. Végül elítélték Isten egyszülött Fiát, Jézust, mint istenkáromlót, aki a törvényt eltörölte, és keresztre feszítették. Nem értették meg az Isten szeretetét, ahogy a Törvénybe be van ágyazva.

Az 1 Korinthusi 13-ban egy jól bemutatott példája látható a „lelki szeretetnek." Az Isten szeretetéről szól, aki elküldte az egyszülött Fiát, hogy megmentsen minket, akikre a halál vár a bűneink miatt, és az Úr szeretetéről, aki szeretett minket, egészen addig, hogy lemondott minden mennyei dicsőségről, és meghalt a kereszten. Ha mi is át szeretnénk adni az Isten szeretetét számos haldokló léleknek a világban, fel kell ismernünk ezt a spirituális szeretetet, és gyakorolnunk kell azt.

„Új parancsolatot adok néktek, hogy egymást

szeressétek; a mint én szerettelek titeket, úgy szeressétek ti is egymást. Erről ismeri meg mindenki, hogy az én tanítványaim vagytok, ha egymást szeretni fogjátok" (János 13,34-35).

Ez a könyv azért jelent meg, hogy az olvasók ellenőrizni tudják, hogy mennyire művelték a lelki szeretetet, és hogy milyen mértékben változtak meg az igazság következtében. Hálát adok Geumsun Vinnek, aki a kiadó igazgatója, és a személyzetnek, és remélem, az olvasók beteljesítik a szeretet törvényét, és a végén rendelkeznek Új Jeruzsálemben a legszebb mennyei hajlékkal.

Jaerock Lee

Bevezetés

Abban a reményben, hogy az igazság megismerése által, az olvasók megváltoznak, miközben a tökéletes szeretetet gyakorolják

Egy tévécsatorna kérdőíves kutatást végzett a házas nők körében. A kérdés az volt, hogy feleségül mentek volna-e ugyanahhoz a férjhez, ha választhattak volna újra. Az eredmény megdöbbentő volt. Csak a nők negyven százaléka akarta ugyanazt a férjet választani, mint akihez hozzáment. Biztosan azért mentek feleségül a férjükhöz, mert szerették őt. Akkor miért gondolták meg magukat? Azért, mert nem lelki szeretettel szerették őt. Ez a könyv: „Szeretet: a törvény betöltése" tanítás lesz nekünk erről a lelki szeretetről.

Az első részben, „A szeretet jelentősége" címűben, megnézzük a szeretet különböző formáit: a férj és feleség, a szülők és gyermekek, valamint a barátok és a szomszédok közötti szeretetet, ezáltal megvizsgáljuk a különbséget a testi szerelem és a lelki szeretet között. A lelki szeretet az a fajta szeretet a másik személy iránt, amellyel változatlan szívvel szeretjük őt, nem akarván semmit cserébe. Ezzel ellenkezőleg, a testi szerelem változik, a különböző helyzeteknek és körülményeknek megfelelően, és ezért a lelki szerelem az értékes és szép.

A második rész, „Szerelem, mint a szerelem fejezetben," az 1 Korinthusiakat tizenhárom részre osztja. Az első rész, „A szeretet, amelyet Isten akar" (1 Korinthusiak 13,1-3), a bevezetés a fejezetbe, amely nyomatékosítja a lelki szeretetet. A második rész, „A szeretet jellemzői," (1 Korinthus 13,4-7), a legfontosabb része a Szeretet fejezetnek, és a lelki szeretet tizenöt tulajdonságát tartalmazza. A harmadik rész, „Tökéletes szeretet," a Szeretet fejezet következtetését vonja le, és tudatja velünk, hogy a hitre és a reményre átmenetileg van szükségünk, miközben menetelünk a mennyek országa felé életünk során ezen a földön, míg a szeretet örökké tart a mennyek országában.

A harmadik rész: „A szeretet a törvény beteljesítése," elmagyarázza, mit jelent a törvényt betölteni a szeretettel. Az Isten szeretetét is megadja nekünk, aki ápol minket, embereket ezen a földön, és a Krisztus szeretetét, aki megnyitotta az utat az üdvösségre számunkra.

A „Szeretet fejezet" csak egy fejezet a másik 1.189 között a

Bibliában. De olyan, mint egy kincs-térkép, amely megmutatja, hogy hol találni nagy mennyiségű kincset, mert arra tanít részletesen, mi a módja annak, hogy Új Jeruzsálembe bejussunk. Annak ellenére, hogy megvan a térképünk, és ismerjük az utat, nem válik a hasznunkra, ha nem térünk rá az útra, ami adott. Azaz, ha nem gyakoroljuk a lelki szeretetet.

Isten elégedett a lelki szeretettel, és mi is rendelkezhetünk lelki szeretettel, olyan mértékben, amennyire meghalljuk és gyakoroljuk az Isten Igéjét, amely az igazság. Amint rendelkezünk lelki szeretettel, tudjuk fogadni Isten szeretetét és áldását, és be tudunk menni Új Jeruzsálembe, a legszebb lakóhelyre a mennyben az életünk végén. A szeretet a végső cél, amiért Isten létrehozta az embert, és művelte őt. Imádkozom, hogy az olvasók szeressék Istent mindenek előtt, és a szomszédjaikat úgy, mint saját magukat, hogy megkaphassák a kulcsokat, amelyek megnyitják Új Jeruzsálem gyöngykapuit.

Geumsun Vin
A kiadói hivatal igazgatója

Tartalomjegyzék — *Szeretet: a törvénynek betöltése*

Előszó · VII

Bevezetés · XI

Első rész **A szeretet jelentősége**

Első fejezet: Lelki szeretet · 2

Második fejezet: Testi szeretet · 10

Második rész **Szeretet, amint a Szeretet fejezetben van**

Első fejezet: A szeretet, amelyet Isten kíván · 24

Második fejezet: A szeretet jellemzői · 42

Harmadik fejezet: A tökéletes szeretet · 160

Harmadik rész **A szeretet a törvény beteljesítése**

Első fejezet: Isten szeretete · 172

Második fejezet: Krisztus szeretete · 184

„Mert ha [csak] azokat szeretitek,

a kik titeket szeretnek, mi jutalmatok van?

Hiszen a bűnösök is szeretik azokat, a kik őket szeretik."

Lukács 6,32

Első rész
A szeretet jelentősége

Első fejezet : Lelki szeretet

Második fejezet : Testi szeretet

Lelki szeretet

*„Szeretteim, szeressük egymást:
mert a szeretet az Istentől van; és mindaz,
a ki szeret, az Istentől született, és ismeri az Istent.
A ki nem szeret, nem ismerte meg az Istent;
mert az Isten szeretet."*

1 János 4,7-8

Csak ha meghalljuk a „szeretet" szót, a szívünk gyorsan kezd verni, és az elménket elfogja az izgalom. Ha tudunk szeretni valakit, és osztozunk az igaz szeretetben az egész életünkben, ez lenne az élet, amely tele van a legnagyobb mértékű boldogsággal. Néha lehet hallani olyan emberekről, akik legyőzik a halált magát akár, és életüket széppé varázsolják a szeretet erejével. A szeretet szükségszerű a boldog élethez, mert megvan a hatalma, hogy megváltoztassa az életünket.

A *The Merriam-Webster's Online Dictionary* úgy határozza meg a szeretet, mint „erős ragaszkodás valaki iránt, amely rokoni vagy személyes kapcsolatok révén alakul ki," vagy „szeretet, amely a csodálat, jóindulat, vagy a közös érdekek alapján jön létre." De az a fajta szeretet, amelyről Isten beszél, magasabb szintű, mert lelki szeretet. A lelki szeretet mások javát keresi, örömet, reményt és életet ad, és soha nem változik. Sőt, nem csak ebben az ideiglenes, földi életben van a hasznunkra, de elvezeti a lelkünket az üdvösségre, és örök életet ad nekünk.

Egy nő története, aki elvezette a férjét a templomba

Volt egy nő, aki hűséges keresztény életet élt. De a férje nem szerette, hogy a templomba járt, és nehézségeket okozott neki. Még az ilyen nehézségek ellenére is: a nő elment a hajnali imatalálkozóra minden nap, és imádkozott a férjéért. Egy nap, amikor imádkozni ment kora reggel, elvitte magával a férje cipőjét. A keblére fogta, és imádkozott könnyes szemekkel: „Isten, ma, csak ezek a cipők jöttek el a templomba, de a következő alkalommal, tedd lehetővé, hogy a tulajdonosuk is eljöjjön."

Egy idő után csodálatos dolog történt. A férj elment a templomba. Ez a része a történetnek így zajlott: Egy bizonyos időpontban, amikor a férj elhagyta a házat, mert munkába ment, úgy érezte, melegség van a cipőjében. Egy nap, amikor látta, hogy a felesége valahová megy a cipőjével, követte őt. A nő bement a templomba.

Mérges, de nem tudta legyőzni kíváncsiságát. Meg kellett hogy tudja, mit csinál a templomban a cipőjével a felesége. Ahogy csendben bement a templomba, azt látta, hogy a felesége imádkozás közben a cipőt szorosan a keblén tartotta. Hallotta az imát, és azt, hogy minden szava az ő jólétéért és áldásáért szólt. A szíve elérzékenyült, és nagyon megbánta, ahogy bánt a feleségével. Végül a férj a felesége hatására jámbor, elkötelezett keresztény lett.

A legtöbb feleség az ilyen helyzet általában azt kéri, hogy imádkozzak értük, mondván: „A férjem nehézséget okoz nekem, csak azért, mert járok a templomba. Kérem, imádkozzon értem, hogy a férjem hagyja abba az üldöztetést." Ezt szoktam válaszolni: „Hamar váljon megszentelté, és kerüljön a szellemi állapotba. Ez a módja annak, hogy megoldja a problémát." Nagyobb lelki szeretetet fognak adni a férjüknek, amennyiben azok megszabadulnak a bűneiktől, és a szellembe költöznek. Milyen férj okozna nehézséget a feleségének, aki feláldozza magát, és szolgálja őt a szívéből?

A múltban, a feleség a férje nyakába varrta a bűnöket, de most megváltozott az igazságtól, és azt vallja: ő volt a hibás, és alázatossá változtatja önmagát. Ezután a lelki fény elűzi a sötétséget, és a férj is meg tud változni. Ki imádkozna egy másik személyért, aki nehézséget okoz neki? Ki áldozná fel magát az elhanyagolt szomszédokért, és adna igaz szeretet nekik? Isten gyermekei, akik megtanulták az igaz szeretetet az Úrtól, tudnak ilyen szeretetet adni másoknak.

Dávid és Jonathan változatlan szeretete és barátsága

Jonathan Saul fia volt, aki az első király volt Izraelben. Amikor látta, hogy Dávid legyőzte a filiszteusok bajnokát, Góliátot egy parittyával és egy kővel, tudta, hogy Dávid olyan harcos, akire Isten Lelke leszállt. Mivel ő maga tábornok volt, Jonathan szívét rabul ejtette Dávid bátorsága. Ettől kezdve Dávid Jonathant úgy szerette, mint saját magát, és elkezdtek kiépíteni egymással egy nagyon erős köteléket, a barátságot. Jonathan úgy szerette Dávidot, hogy nem kímélt semmit, ha az Dávidért volt.

Minekutána pedig elvégezte a Saullal való beszélgetést, a Jonathán lelke egybeforrt a Dávid lelkével, és Jonathán úgy szerette őt, mint a saját lelkét. És Saul magához vevé őt azon a napon, és nem engedé, hogy visszatérjen atyja házához. És szövetséget kötének Jonathán és Dávid [egymással,] mivel úgy szerette őt, mint a saját lelkét. És Jonathán leveté felső ruháját, a mely rajta volt, és Dávidnak adta, sőt hadi öltözetét is, saját kardját, kézívét és övét (1 Sámuel 18,1-4).

Jonathan volt a trónörökös, mivel az első fia volt a királynak,

Saulnak, és könnyen gyűlölhette volna Dávidot, mert az emberek nagyon szerették őt. De nem vágyott a királyi címre egyáltalán. Hanem amikor Saul megpróbálta megölni Dávidot, hogy megtartsa a trónt, Jonathan a saját életét kockáztatta, hogy megmentse Dávidot. A szeretete soha nem változott, egészen a haláláig. Amikor Jonathan meghalt a csatában Gilboában, Dávid gyászolt és sírt, böjtölt estig.

Sajnállak testvérem, Jonathán, kedves valál nékem nagyon, hozzám való szereteted csudálatra méltóbb volt az asszonyok szerelménél (2 Sámuel 1,26).

Miután Dávid lett a király, Mefibóset, Jonathán egyetlen fia, visszaadta neki Saul összes vagyonát, és gondoskodott róla, mint a saját fiáról a palotában (2 Sámuel 9). Így, a lelki szeretet azt jelenti, hogy a másik személyt változatlan szívvel szeretjük, a teljes életünkben, akkor is, ha nem hoz előnyöket, netán kárt okoz magának vele az ember. Kedvesnek lenni abban a reményben, hogy valamit cserébe kapunk, nem igazi szeretet. A lelki szeretet feláldozza magát, és folyamatosan ad másoknak feltétel nélkül, tiszta és igaz indítékkal.

Isten és az Úr szeretete felénk változatlan

A legtöbb ember szívszaggató fájdalmat tapasztal meg, mert csak a testi szerelem van jelen az életében. Amikor fájdalmat érzünk, és magányosak vagyunk, mert a szeretet könnyen változik, van valaki, aki vigasztal minket, és képes lesz a barátunkká válni. Ő az Úr. Megvetették Őt, és elhagyták az emberek annak ellenére, hogy ártatlan volt (Ézsaiás 53,3), így megérti a szívünket, nagyon jól. Elhagyta a mennyei dicsőségét, és lejött a földre, hogy a szenvedés útjára térjen. Ezzel ő lett a mi igazi vigasztalónk és barátunk. Igaz szeretetet adott nekünk, amíg meg nem halt a kereszten.

Mielőtt Istenhívő lettem, sok betegségtől szenvedtem, és alaposan megtapasztaltam a szegénységet, amit a magány és a fájdalom okozott. Miután hét hosszú évig beteg voltam, csak egy beteg testem, az egyre növekvő adósságom, az emberek megvetése, a magány és a kétségbeesés volt az enyém. Mindazok, akikben bíztam és szerettem, elhagytak. De valaki odajött hozzám, amikor úgy éreztem, teljesen egyedül vagyok az egész univerzumban. Ez az Isten volt. Ahogy találkoztam Istennel, egyszerre meggyógyultam az összes betegségemből, és új életet kezdtem.

A szeretet, amit Isten adott nekem, ingyenes ajándék volt. Én nem szerettem Őt eleinte. Először odajött hozzám, és kinyújtotta a kezét felém. Ahogy elkezdtem olvasni a Bibliát, hallottam Isten vallomását az irántam érzett szeretetéről.

Hát elfeledkezhetik-é az anya gyermekéről, hogy ne könyörüljön méhe fián? És ha elfeledkeznének is ezek: én te rólad el nem feledkezem. Ímé, az én markaimba metszettelek fel téged, kőfalaid előttem vannak szüntelen (Ézsaiás 49,15-16).

Az által lett nyilvánvalóvá az Isten szeretete bennünk, hogy az ő egyszülött Fiát elküldte az Isten e világra, hogy éljünk általa. Nem abban van a szeretet, hogy mi szerettük az Istent, hanem hogy ő szeretett minket, és elküldte az ő Fiát engesztelő áldozatul a mi bűneinkért (1 János 4,9-10).

Isten nem hagyott el akkor sem, amikor küzdöttem, szenvedtem, miután mindenki elhagyott. Amikor éreztem a Szeretetét, nem tudtam megállítani a könnyeket, amelyek feltörtek a szememből. Úgy éreztem, hogy Isten szeretete igaz, mert sokat szenvedtem. Azért lettem lelkész, Isten szolgája, hogy megvigasztaljam a lelkét sok hívőnek, és visszafizessem a kegyelmet, amit Isten adott nekem.

Isten maga a szeretet. Elküldte az egyszülött Fiát, Jézust, a földre nekünk, akik bűnösök vagyunk. És Ő vár ránk, hogy bemenjünk a mennyországba, ahová sok szép és értékes dolgot helyezett el nekünk. Érezzük Isten finom és bőséges szeretetét, ha kinyitjuk a szívünket, egy kicsit is.

Mert a mi Istenben láthatatlan, tudniillik az ő örökké való hatalma és istensége, a világ teremtésétől fogva az ő alkotásaiból megértetvén megláttatik; úgy, hogy ők menthetetlenek (Rómaiak 1,20).

Miért nem gondolunk a gyönyörű természetre? A kék égre, a kristálytiszta tengerre, a fákra és a növényekre, a dolgokra, amelyeket Isten nekünk teremtett, hogy míg élünk a földön, reménykedhessünk a mennyek országában, amíg oda nem érünk.

A hullámoktól, melyek érintik a tengerpartot, a csillagokról, amelyek úgy csillognak, mintha táncolnának, a vízezések hangos zubogásáról, a szélről, hogy elsuhan mellettünk, érezhetjük Isten suttogását, ahogy azt mondja, hogy „szeretlek". Mivel kiválasztottak bennünket, mint a szerető Isten gyermekeit, milyen szeretettel kell hogy bírjunk? Örök és igaz szerelemmel, és nem értelmetlen szeretettel, amely megváltozik, ha a helyzet nem előnyös számunkra.

MÁSODIK FEJEZET ~ *Testi szeretet*

Testi szeretet

*„Mert ha [csak] azokat szeretitek,
a kik titeket szeretnek, mi jutalmatok van?
Hiszen a bűnösök is szeretik azokat,
a kik őket szeretik."*
Lukács 6,32

Egy férfi áll egy nagy tömeg előtt, szemben a Galileai-tenger. A kék hullámok a tengeren, a háta mögött úgy néznek ki, mintha táncolnának a lágy szellőn. Minden ember elhalkul, hogy maghallja a Szavait. A tömegnek, amely itt-ott egy kis dombon ül, azt mondja gyengéd, mégis határozott hangon, hogy legyenek a világ fénye és sója, és még az ellenségeiket is szeressék.

Mert ha azokat szeretitek, a kik titeket szeretnek, micsoda jutalmát veszitek? Avagy a vámszedők is nem ugyanazt cselekeszik-é? És ha csak a ti atyátokfiait köszöntitek, mit cselekesztek másoknál többet? Nemde a vámszedők is nem azonképen cselekesznek-é? (Máté 5,46-47).

Ahogy Jézus mondta, a hitetlenek, és még azok is, akik gonoszak, ki tudják mutatni a szeretetüket azoknak, akik kedvesek velük, és azoknak, akik előnyöket jelentenek a számukra. Van hamis szeretet is, amely úgy tűnik, jó kívülről, de nem igaz belülről. Testi szerelem ez, amely megváltozik egy idő után, és eltörik vagy szétesik, akár kisebb dolgok eredményeként is.

A testi szerelem megváltozhat bármelyik pillanatban az idő múlásával. Ha a helyzet megváltozik, vagy a feltételek megváltoznak, a testi szerelem megváltozhat. Az emberek gyakran hajlamosak megváltoztatni a hozzáállásukat aszerint, hogy milyen előnyöket kapnak. Az emberek csak akkor adnak, ha valamit már kaptak másoktól, vagy ha az ajándékozás hasznos lehet önmaguknak. Ha adunk, és vissza szeretnénk kapni ugyanazt az összeget, vagy ha úgy érezzük, csalódottak vagyunk, ha mások nem adnak nekünk semmit cserébe, az is azért van, mert a testi szeretetet ismerjük csak.

A szülők és gyermekek közötti szeretet

A szülők szeretete, akik folyamatosan adnak a gyermekeiknek, sok ember szívét mozgatja. A szülők nem azt mondják, hogy nehéz, miután teljes erőbedobással vigyáznak a gyermekeikre, mert nagyon szeretik őket. Általában a szülők vágya, hogy jó dolgokat adjanak a gyermekeiknek, akkor is, ha ez azt jelenti, hogy ők maguk nem esznek jól, vagy viselnek jó ruhát. De még mindig van egy hely a szülők szívében, ahol a saját előnyeiket keresik.

Ha igazán szeretik a gyerekeiket, akkor képesek lesznek arra, hogy még az életüket is odaadják anélkül, hogy akarnának valamit cserébe. De valójában sok olyan szülő is van, akik a gyermekeiket a saját javukra és becsületükre nevelik fel. Azt mondják: „A saját javad miatt mondom ezt," de valójában megpróbálják úgy irányítani a gyermekeiket, hogy megvalósítsák a hírnév iránti vágyukat, vagy pénzügyi előnyt hozzanak a számukra. Amikor a gyerekek kiválasztják a karrierjüket, vagy férjhez mennek, ha úgy döntenek, vagy olyan házastársat választanak, akit a szülők nem fogadnak el, ellenezni fogják őt, és csalódottak lesznek. Ez azt bizonyítja, hogy az odaadásuk és áldozatuk a gyerekekért végtére feltételes volt. Igyekeznek, hogy valamit kapjanak a gyerekektől a szeretet fejében, amit adtak.

A gyermekek szeretete általában sokkal kisebb, mint a szülőké. A koreai mondás szerint: „Ha a szülők hosszú ideig szenvednek a betegségtől, minden gyermek elhagyja őket." Ha a szülők betegek és idősek, és ha nincs esély a gyógyulásukra, ezért a gyerekek kell hogy vigyázzanak rájuk, úgy érzik, hogy egyre nehezebb a helyzetük. Amikor még kisgyermekek, valami ilyesmit mondanak: „nem fogok férjhez menni, és csak veletek fogok élni, anya és apa." Lehet, hogy valóban azt hiszik, hogy a szüleikkel szeretnék leélni az egész életüket. Azonban, ahogy öregednek, egyre kevésbé érdekli őket a szüleik helyzete, mert elfoglalja őket a megélhetésük. Az emberek szíve annyira érzéketlen a bűnök iránt mostanában, és a gonosz annyira elterjedt, hogy néha a szülők megölik a gyermekeiket, vagy gyermekek megölik a szüleiket.

A férj és feleség közötti szeretet

Mi újság a házaspárok közötti szeretettel? Amikor együtt járnak, kedves szavakat mondanak egymásnak, mint: „Nem tudok nélküled élni. Örökké szeretni foglak." De mi történik, miután összeházasodnak? Megsértődnek a házastársukra, és azt mondják: „Nem tudom úgy élni az életemet, ahogy akarom miattad. Becsaptál."

Régebben bevallották a szeretetüket egymás iránt, de a házasságkötés után gyakran említik a különélést vagy válást csak azért, mert úgy gondolják, a családi hátterük, az iskolázottságuk, vagy a személyiségük nem egyezik. Ha az étel nem olyan jó, mint amit a férj vár, akkor panaszkodik a feleségének, és ezt mondja: „Miféle étel ez? Nincs mit enni!" Továbbá, ha a férj nem keres elég pénzt, a feleség ilyeneket mond: „A barátnőm férje már előlépett, mint rendező, és egy másikat ügyvezető igazgatónak választották. Mikor léptetnek elő téged? És egy másik barátom vett egy nagyobb házat, meg egy teljesen új autót, de mi lesz velünk? Mikorra lesz jobb dolgom?"

A statisztikai adatok szerint a családon belüli erőszak terén Koreában elmondható, hogy csaknem a házaspárok fele erőszakot alkalmaz a házastársa ellen. Nagyon sok házaspár elveszíti a szerelmet, és gyűlölködik és veszekedik egymással. Manapság vannak olyan párok, akik a nászútjuk során szakítanak! Az átlagos időtartam a házasságkötéstől a válásig egyre rövidebb. Azt hitték, szerették a házastársukat, de amikor már együtt élnek, látják egymás negatív tulajdonságait is. Mivel a gondolkodásmódjuk és az ízlésük különbözik, állandóan ütköznek vagy egyik, vagy egy másik dolog miatt. Ahogy ezt teszik, az érzelmeik, amelyekről azt gondolták, hogy a szeretetről szóltak, kezdenek kihűlni.

Még ha esetleg nincs is egyértelmű bajuk egymással, megszokják egymást, és az első szerelem érzése lehűl az idő múlásával. Aztán, más férfiak vagy nők kezdik érdekelni őket. A férj csalódott a feleségében, aki kócos reggel, és ahogy öregszik, és elhízik, úgy érzi, nem bájos többé. A szeretetnek el kell mélyülnie az idő múlásával, de a legtöbb esetben nem ez történik. Végül is, a változás bennük azt támasztja alá, hogy a szerelmük testi szeretet volt, amely arra törekszik, hogy a saját javát beteljesítse.

A fiútestvérek közötti szeretet

A testvérek, akik azonos szülőktől születnek és együtt nevelkednek, közelebb kell hogy álljanak egymáshoz, mint a többi emberhez. Számíthatnak egymásra sok mindenben, mivel megosztottak sok dolgot egymással, és felhalmozták a szeretetet egymás iránt. De néhány testvér között egyfajta verseny van, és féltékenység a többi testvér iránt.

Az elsőszülött könnyen úgy érzi, hogy a szülők szeretete most megoszlik közte és a fiatalabb testvérei között. A második gyerek bizonytalannak érzi a helyzetét, mert azt gondolhatja, hogy rosszabb, mint a nagy testvér. Azok a testvérek, akiknek mind idősebb, mind fiatalabb testvérei vannak, mindkettőt érezhetik egyszerre: hogy rosszabbak, mint az idősebbek, és a terhet, hogy engedniük kell a fiatalabbnak. Azt is érezhetik, hogy áldozattá válnak, mert nem tudják felhívni a szüleik figyelmét magukra. Ha a testvérek nem foglalkoznak az ilyen érzelmekkel megfelelően, akkor valószínű, hogy kedvezőtlen kapcsolatuk lesz a testvéreikkel.

Az első gyilkosság az emberiség történetében is testvérek között történt. Káin féltékenysége okozta az öccse, Ábel iránt, Isten áldásával kapcsolatban. Azóta folyamatosan küzdelmek és harcok voltak a testvérek között az egész emberi történelemben. Józsefet gyűlölték a testvérei, akik eladták őt rabszolgának Egyiptomba. Dávid fia, Absolon, rávett egy embert, hogy ölje meg a saját bátyját, Amnont. Ma sok testvér harcol egymással a szüleik által rájuk hagyott örökség miatt. Olyanokká válnak, mint az ellenségek egymással.

Bár nem olyan mértékben, mint a fenti esetben, amikor férjhez mennek, és saját családjuk lesz, nem tudnak annyi figyelmet fordítani a testvéreikre, mint korábban. Én magam hat gyerek közül az utolsókén születtem meg. Szerettem az idősebb testvéreimet nagyon, de amikor ágyhoz kötött voltam hét hosszú évig a különböző betegségeim miatt, a helyzet megváltozott.

Egyre nagyobb teher lettem nekik. Megpróbálták meggyógyítani a betegségeimet bizonyos mértékig, de amikor úgy tűnt, hogy nincs több remény, elkezdtek hátat fordítani nekem.

A szomszédok közötti szeretet

A koreai nyelvben van egy kifejezés: „szomszéd unokatestvér." Ez azt jelenti, hogy a szomszédok olyan közeliek, mint a családtagok. Mivel a legtöbb ember gazdálkodással foglalkozott a múltban, a szomszédok nagyon értékesek voltak egymásnak, mert képesek voltak segíteni egymást. De ez a kifejezés egyre inkább kevésbé igaz. Manapság az emberek bezárják az ajtókat, még a szomszédok előtt is. Nagy teljesítményű biztonsági rendszereket használnak. Nem is ismerik azt, aki a szomszédjukban lakik.

Nem érdekli őket a másik ember, és nincs szándékukban, hogy megtudják, kik a szomszédjaik. Csak magukkal törődnek, és csak a közvetlen családtagjaik fontosak a számukra. Nem bíznak egymásban. Továbbá, ha úgy érzik, hogy a szomszédok valamilyen kellemetlenséget vagy kárt okoznak nekik, akkor nem haboznak, hogy kiközösítsék őket, vagy harcoljanak velük. Ma már sokan vannak, akik szomszédok, de beperelik egymást mindenféle jelentéktelen ügyben. Volt egy ember, aki leszúrta a szomszédját, aki a fölötte lévő emeleten élt egy lakásban, mert zajongott.

A barátok közötti szeretet

Tehát, mi a szeretet akkor a barátok között? Lehet, hogy azt látod, hogy egy bizonyos barátod mindig a te oldaladon áll. De még egy ilyen valaki is elárulhat téged, és összetörheti a szívedet. Előfordulhat, hogy valaki felkéri a barátait, hogy adjanak neki kölcsön egy jelentős mennyiségű pénzt, vagy arra, hogy vállaljanak garanciát érte, mert enélkül csődbe megy. Ha a barátok megtagadják, azt mondja, elárulták őt, és soha nem akarja látni őket többé. De ki az, aki rosszul jár itt?

Ha igazán szereted a barátodat, akkor nem akarsz fájdalmat okozni neki. Ha arról van szó, hogy csődbe mész, és ha a barátaid kezesekké válnak a számodra, az is biztos, hogy a barátaid és a családtagjaik is szenvedhetnek veled később. Vajon szeretet az, ami ezt okozhatja a barátaidnak, hogy átmenjenek ezen a tapasztalaton? Ez nem szeretet. De ma, az ilyen dolgok gyakran megtörténnek. Sőt, Isten Igéje megtiltja nekünk, hogy hitelt adjunk vagy kölcsönt kérjünk, vagy kezessé váljunk, vagy biztosítékot adjunk valakinek. Ha engedetlenek vagyunk Isten szavával, a legtöbb esetben az ördög munkái bekövetkeznek, és mindazoknak, akik részt vesznek a történésekben, szembe kell nézniük a károkkal.

Fiam! ha kezes lettél a te barátodért, [és] kezedet adván, kötelezted magadat másért: Szádnak beszédei által estél tőrbe, megfogattattál a te szádnak beszédivel (Példabeszédek 6,1-2).

Ne légy azok közt, a kik kézbe csapnak, a kik adósságért kezeskednek (Példabeszédek 22,26).

Néhányan úgy gondolják, hogy bölcs dolog, ha az alapján

választanak barátokat, hogy mit nyerhetnek tőlük. Tény, hogy ma már nagyon nehéz találni olyan embert, aki önként feladja az idejét, energiáját és pénzét a valódi szeretért a szomszédok vagy a barátok iránt.

Gyermekkorom óta sok barátom volt. Mielőtt Istenhívő lettem, úgy gondoltam, hogy a hűség a barátok között olyan fontos, mint az élet maga. Azt hittem, a barátságunk örökké fog tartani. De – mivel sokáig betegen feküdtem – rájöttem, hogy a barátok közötti szeretet is aszerint változik, hogy milyen előnyöket remélhet.

Eleinte a barátaim kutatást végeztek, hogy megtalálják nekem a jó orvosokat és természetgyógyászokat, és elvittek hozzájuk, de amikor nem javultam egyáltalán, otthagytak egyenként. Később, csak az ivó-és szerencsejátékos haverjaim maradtak meg. Még ők sem azért jöttek hozzám, mert szerettek engem, hanem csak azért, mert szükségük volt egy helyre, ahol lóghattak egy kicsit. A testi szeretet azt mondja, hogy szeretik egymást, de ez hamarosan megváltozik.

Milyen jó lenne, ha a szülők és gyermekek, testvérek, barátok és szomszédok nem a maguk hasznát keresnék, és soha nem változtatnák meg ezt a felfogást? Ha ez lenne a helyzet, az azt jelentené, hogy van lelki szeretetük. De a legtöbb esetben nincs lelki szeretet bennük, és nem tudják megtalálni az igazi elégedettséget ebben. Céljuk szeretetet kicsikarni a családtagjaiktól és a körülöttük élőktől. De ahogy folyamatosan erre törekszenek, egyre szomjasabban vágyják a szeretetet, mintha tengervizet innának, amely oltja a szomjat.

Blaise Pascal azt mondta, van egy Isten-alakú vákuum minden ember szívében, amelyet nem lehet betölteni semmilyen teremtett dologgal, csak Istennel, a Teremtővel, aki Jézus által vált ismertté. Nem érezhetünk igazi elégedettséget, és egyfajta értelmetlenségtől szenvedünk, kivéve, ha ez a hely tele van az Isten szeretetével. Azt jelenti ez, hogy ezen a világon nincs olyan lelki szeretet, amely soha nem változik? Nem. Bár nem gyakori, azért a lelki szeretet biztosan létezik. Az 1 Korinthusi 13 egyértelműen elmondja, mi az igaz szerelem.

A szeretet hosszútűrő, kegyes; a szeretet nem irígykedik, a szeretet nem kérkedik, nem fuvalkodik fel. Nem cselekszik éktelenül, nem keresi a maga hasznát, nem gerjed haragra, nem rójja fel a gonoszt, Nem örül a hamisságnak, de együtt örül az igazsággal; Mindent elfedez, mindent hiszen, mindent remél, mindent eltűr (1 Korinthusiak 13,4-7).

Isten ezt a fajta szeretetet spirituális és igaz szerelemnek hívja. Ha ismerjük az Isten szeretetét, és megváltozunk az igazságtól, lelki szeretettel bírhatunk. Legyen bennünk lelki szeretet, amellyel szerethetjük egymást, teljes szívünkből, és változatlan hozzáállással akkor is, ha nem jár számunkra előnnyel, sőt, kárt okoz nekünk.

Hogyan ellenőrizhetjük a lelki szeretetünket

Vannak emberek, akik tévesen úgy vélik, hogy szeretik Istent. Annak érdekében, hogy ellenőrizzük, milyen mértékben műveltük az igazi lelki szeretetet és a szeretetet az Isten iránt, megvizsgálhatjuk az érzelmeinket és cselekedeteinket, amelyeket akkor követtünk el, amikor a nehézségek és erőpróbák finomítottak bennünket. Megnézhetjük magunkat, hogy milyen mértékben műveltük az igaz szerelmet azzal, hogy ellenőrizzük, hogy igazán örültünk vagy nem, és hálát adtunk vagy nem a szívünk mélyéről, és folyamatosan követtük vagy nem az Isten akaratát.

Ha panaszkodunk, és zokon vesszük a helyzetet, amiben vagyunk, és ha a világi módszereket keressük, és az emberekre támaszkodunk, ez azt jelenti, nincs lelki szeretet bennünk. Ez csak azt bizonyítja: a tudásunk Istenről csak agyi tudás, és nem olyan tudás, amit a szívünkben műveltünk. Csakúgy, mint egy hamis számla, amely úgy néz ki, mint a valódi pénz, de mégis csak egy darab papír, a szeretet, amely csak olyan, mint a tudás, nem igazi szeretet. Nincs semmilyen értéke. Ha a szeretetünk az Úr iránt nem változik, és ha Istenre támaszkodunk minden helyzetben és nehézségben, akkor azt mondhatjuk, hogy az igaz szeretetet műveltük, ami a lelki szeretet.

„Most azért megmarad a hit, remény, szeretet, e három; ezek között pedig legnagyobb a szeretet."

1 Korinthusiak 13,13

Szeretet, amint a Szeretet fejezetben van

Második rész

Szeretet, amint a Szeretet fejezetben van

Első fejezet : **A szeretet, amelyet Isten kíván**

Második fejezet : **A szeretet jellemzői**

Harmadik fejezet : **A tökéletes szeretet**

A szeretet, amelyet Isten kíván

„Ha embereknek vagy angyaloknak nyelvén szólok is,
szeretet pedig nincsen én bennem, olyanná lettem,
mint a zengő ércz vagy pengő czimbalom.
És ha jövendőt tudok is mondani,
és minden titkot és minden tudományt ismerek is;
és ha egész hitem van is, úgyannyira,
hogy hegyeket mozdíthatok ki helyökről,
szeretet pedig nincsen én bennem, semmi vagyok.
És ha vagyonomat mind felétetem is, és ha testemet tűzre adom is,
szeretet pedig nincsen én bennem, semmi hasznom abból."

1 Korinthusiak 13,1-3

A következő történet egy incidensről szól, amely egy árvaházban történt Dél-Afrikában. A gyerekek egyre inkább lebetegedtek, és egyre többen. De nem találtak semmi különösebb okot, ami megmagyarázta volna a betegséget. Az árvaház meghívott egy híres orvost, hogy diagnosztizálja őket. Miután alapos kutatást végzett, az orvos azt mondta: „Amíg ébren vannak a gyermekek, ölelni és szeretni kell őket tíz percig."

Legnagyobb meglepetésükre a betegség ok nélkül eltűnt. Azért volt, mert a meleg szeretet volt az, amire a gyerekeknek a legnagyobb szükségük volt. Annak ellenére, hogy nem kell aggódnunk a megélhetési költségekért, és bőségben élünk, szeretet nélkül nincs meg a reményünk az életben, vagy az élni akarásunk. Azt lehet mondani, hogy a szeretet a legfontosabb tényező az életünkben.

A spirituális szeretet jelentősége

Az 1 Korinthusiak tizenharmadik, amely az úgynevezett Szeretet fejezet először a szeretet fontosságát hangsúlyozza, mielőtt ténylegesen megmagyarázza a lelki szeretetet részletesen. Ez azért van, mert ha beszélünk az emberek és az angyalok nyelvén, de nincs bennünk szeretet, zajos harangrugóvá, vagy zörgő cimbalommá váltunk.

Az „emberek nyelve" nem úgy tekint a nyelveken szólásra, mint a Szentlélek egyik ajándékára. Az összes nyelvre utal, a népekére, akik a Földön élnek, mint az angol, japán, francia, orosz, stb. A civilizáció és a tudás rendszerezve öröklődik a nyelv által, így azt mondhatjuk, hogy a nyelv hatalma nagyon nagy. A nyelvvel kifejezhetjük az érzelmeinket és gondolatainkat, hogy meggyőzzük, vagy megérintsük sok ember szívét. A nyelvnek megvan a hatalma, hogy megmozgassa az embereket, és hogy sok mindent elérjen.

Az „angyalok nyelve" a szép szavakra vonatkozik. Az angyalok szellemi lények, és a „szépséget" képviselik. Amikor más emberek szép szavakat szólnak, gyönyörű hangokkal, az emberek úgy írják le őket, hogy angyaliak. De Isten azt mondja, még az ékes szavak, vagy a szép szavak is, mint az angyaloké, csak zajos haranglábhangok, vagy cimbalomzörgés szeretet nélkül (1 Korinthusiak 13,1).

Tény, hogy a nehéz, tömör acéldarab vagy réz nem ad ki hangos zajt, amikor megütik. Ha egy darab réz hangos zajt ad ki, ez azt jelenti, hogy üreges a belseje, vagy vékony és könnyű. A cintányérok hangosan szólnak, mert egy vékony darab rézből készülnek. Ugyanez van az emberekkel is. Akkor érünk annyit, mint egy búzakalász, ha igazi fiai és leányai leszünk Istennek, kitöltve a szívünket szeretettel. Éppen ellenkezőleg, azok, akik nem rendelkeznek szeretettel, olyanok, mint az üres pelyva. Miért van ez így?

Az 1 János 4,7-8 ezt mondja: *„Szeretteim, szeressük egymást: mert a szeretet az Istentől van; és mindaz, a ki szeret, az Istentől született, és ismeri az Istent. A ki nem szeret, nem ismerte meg az Istent; mert az Isten szeretet."* Ugyanis azoknak, akik nem szeretnek, semmi közük nincs Istenhez, és olyanok, mint a pelyva, amely nem terem gabonát.

Az ilyen emberek szava nem ér semmit, még ha ékesszólóak és

szépek is, mert nem tudnak igaz szerelmet vagy életet adni másoknak. Csak zavarják a többi embert, mint a zajos harangszó vagy a cimbalom zörgése, mert könnyűek, és belül üresek. Másrészt, azok a szavak, amelyek szeretetet tartalmaznak, csodálatos erővel bírnak, mert életet adnak. Találunk ilyen bizonyítékot Jézus életében.

A jelentős szeretet életet ad

Egy nap Jézus tanított a templomban, amikor az írástudók és a farizeusok egy nőt hoztak elé. Elfogták a házasságtörés bűnének elkövetése közben. Még egy csipetnyi együttérzés sem volt látható az írástudók és farizeusok szemében, akik odavitték a nőt.

Ezt mondták Jézusnak: *„Mester, ez az asszony tetten kapatott, mint házasságtörő. A törvényben pedig megparancsolta nékünk Mózes, hogy az ilyenek köveztessenek meg: te azért mit mondasz?"* (János 8,4-5).

Izraelben az Ige és Isten törvénye a Törvény. Ez egy olyan záradékot tartalmaz, amely azt mondja: a házasságtörőket halálra kell kövezni. Ha Jézus azt mondta volna, hogy a törvény szerint meg kell kövezni az asszonyt, az azt jelentette volna, hogy ellentmondott a saját szavainak, mert Ő tanította az embereknek, hogy szeressék még az ellenségeiket is. Ha azt mondta volna, hogy bocsássanak meg neki, egyértelműen megszegi a törvényt. Azt jelentette volna, hogy ellenáll Isten Igéjének.

Az írástudók és a farizeusok büszkék voltak magukra, gondolva, hogy most már itt a lehetőség, hogy legyőzzék Jézust.

Ismerve a szívüket nagyon is jól, Jézus lehajolt, és írt valamit a földre az ujjával. Aztán felállt, és azt mondta: *"A ki közületek nem bűnös, az vesse rá először a követ"* (János 8,7).

Amikor Jézus újra lehajolt, és tovább írt a földre az Ujjával, az emberek egyenként elmentek, és csak a nő és Ő maradt ott. Jézus megmentette az életét ennek a nőnek anélkül, hogy törvénysértővé vált volna.

Látszólag amit az írástudók és a farizeusok mondtak, nem volt hamis, egyszerűen csak megerősítették, amit Isten törvénye mond. De a szavaik indítéka nagyon különbözik Jézusétól. Megpróbáltak kárt okozni másoknak, miközben Jézus próbálta megmenteni a lelkeket.

Ha ilyen szívünk van, mint Jézusnak, imádkozni fogunk, és gondolkodni, hogy milyen szavak adnak másoknak is erőt, és vezetik el őket az igazsághoz. Megpróbálunk úgy beszélni, hogy minden kimondott szavunk erőt adjon. Vannak, akik megpróbálnak meggyőzni másokat az Isten Igéjével, vagy kijavítani mások viselkedését, rámutatva a hiányosságaikra és a hibáikra, amelyekről azt hiszik, nem jók. Még ha az ilyen szavak helyesek is, nem okoznak változást az emberekben, vagy az életükben, ha nem a szeretetről szólnak.

Ezért mindig ellenőriznünk kell magunkat, hogy vajon nem beszélünk-e a saját gőgünkkel, vagy a saját gondolataink keretében, és hogy a szavaink szeretetből fakadnak-e, hogy életet adjanak másoknak is. Ahelyett, hogy nagyon kímélő szavakat mondunk, a spirituális tartalommal bíró szavak az élet vizévé válhatnak, melyek a lélek szomjúságát oltják, és drága ékszerek, amelyek örömet és kényelmet nyújtanak a fájdalomban lévő lelkeknek.

Szeretet, amely tettekkel feláldozza magát másokért

Általában a „jóslat" kifejezés a jövőbeli eseményekre vonatkozik. Bibliai értelemben azt jelenti, hogy az ember megkapja az Isten szívét a Szentlélek ihletésével, egy adott célra, és a jövőbeli eseményekről beszél. A prófétálás nem olyan dolog, amelyet az emberek akarata szerint lehet végezni. A 2 Péter 1,21 azt mondja: „...*Mert sohasem ember akaratából származott a prófétai szó; hanem a Szent Lélektől indíttatva szólottak az Istennek szent emberei."* Ez az ajándék, a prófétálás, nem véletlenszerűen jár akárkinek. Isten nem adja ezt az ajándékot olyannak, aki nem lett szent, mert arrogáns volt.

A „jövendölés képessége", mint a lelki szeretet fejezetében, nem egy ajándék, amelyet néhány különleges ember kap. Azt jelenti, hogy bárki, aki hisz Jézus Krisztusban, és az igazságban lakozik, előre lát, és megmondja a jövőt. Azaz, amikor az Úr visszajön a levegőben, az üdvözültek felmennek a levegőbe, és részt vesznek a hétéves menyegzőn, míg azok, akik nem üdvözültek, szenvedni fognak a hétéves nagy nyomorúságban ezen a földön, és a pokolba kerülnek, miután a Nagy Fehér Trón ítélete elhangzik. Annak ellenére, hogy Isten gyermekeinek mind megadatott a prófétaság ajándéka, azaz „megmondják a jövőbeli eseményeket," nem mindegyik rendelkezik lelki szeretettel. Elvégre, ha nincs bennük lelki szeretet, meg fogják változtatni a hozzáállásukat a saját előnyeik szerint, és így a prófétaság ajándéka nem fog jelenteni nekik semmit. Az ajándék maga nem tud élen járni, és nem haladhatja meg a szeretetet.

A „titok" itt a titokra utal, amely el volt rejtve, még az idő kezdete előtt, amely a kereszt szava (1 Korinthusiak 1,18). A kereszt szava a gondviselés, az emberi megváltás, amelyet Isten teremtett meg az idő előtt, a szuverenitása alatt. Isten tudta, hogy az ember bűnöket fog elkövetni, és a halál útjára tér. Emiatt előkészítette Jézus Krisztust – aki a Megváltó lesz majdanán – még az idő előtt. Amíg ez a gondviselés teljesült, Isten titokban tartotta a létét. Miért tette ezt? Ha az üdvösség útja ismert lett volna, nem teljesült volna, mert az ellenséges ördög és a Sátán beavatkozott volna (1 Korinthusiak 2,6-8). Az ellenséges ördög és a Sátán úgy gondolták, ha megölik Jézust, képesek lesznek örökre fenntartani a hatalmukat, amit Ádámtól kaptak. Azonban, mivel felbujtották a gonosz embereket, és megölték Jézust, megnyílt az üdvösség útjának kapuja! Még ha ismerjük is ezt a nagy rejtélyt, ez a tudás nem nyereség nekünk, ha nincs lelki szeretet bennünk.

Ugyanez van a tudással is. Itt, az „összes tudás" nem vonatkozik az akadémiai tanulásra. Az Istenről és az igazságról szóló tudás ez, amint a Biblia hatvanhat könyvében találjuk. Ha megismerjük Istent a Bibliában, találkoznunk kell Vele, és meg kell tapasztalnunk Őt első kézből, valamint a szívünk mélyéről kell hinnünk Benne. Ellenkező esetben az Isten Igéje tudás marad csupán a fejünkben. Előfordulhat, hogy a tudást kedvezőtlen módon használjuk fel, például megítélünk, és elítélünk másokat. Ezért, a tudás lelki szeretet nélkül semmilyen nyereséget nem okoz a számunkra.

Mi van, ha olyan nagy hittel bírunk, hogy el tudunk mozgatni vele egy hegyet? A nagy hit nem feltétlenül jelenti azt, hogy nagy szeretettel is bírunk. Miért nem egyezik egymással pontosan a hit és a szeretet mennyisége? A hit megnőhet, ha látja a jeleket és a csodákat, és az Isten csodás dolgait. Péter sok jelet és csodát látott, amelyeket Jézus végzett el, és ezért ő is tudott járni, hacsak egy pillanatra is, a vízen, amikor Jézus a vízen járt. De abban az időben Péterben még nem volt lelki szeretet, mert még nem kapta meg a Szentlelket. Még nem metélte körül a szívét azzal, hogy a bűneit eldobta magától. Amikor az élete veszélybe került később, megtagadta Jézust háromszor.

Megértjük, hogy miért nő a hitünk a tapasztalat által, de a lelki szeretet csak akkor költözik a szívünkbe, ha erőfeszítéseket teszünk, odaadást mutatunk, és áldozatokat hozunk, hogy megszabaduljunk a bűneinktől. De ez nem jelenti azt, hogy nincs közvetlen kapcsolat a lelki hit és a szeretet között. Megpróbálhatjuk a bűnöktől való megszabadulást, és megpróbálhatjuk megszeretni Istent és a lelkeket, mert van hitünk. De anélkül, hogy valóban hasonlítanánk az Úrra a cselekedeteink által, és ápolnánk az igaz szerelmet, a munkánknak, melyet az Isten országáért teszünk, nem lesz semmi köze Istenhez, függetlenül attól, hogy mennyire igyekszünk hűségesnek maradni Istenhez. Úgy lesz, ahogy Jézus mondta: *„És akkor vallást teszek majd nékik: Sohasem ismertelek titeket; távozzatok tőlem, ti gonosztevők"* (Máté 7,23).

Szeretet, amely mennyei jutalmakat hoz

Általában az év vége felé sok szervezet és magánszemély adományoz pénzt a műsorszolgáltató és lapkiadó cégeknek, hogy segítsenek a rászorulóknak. Nos, mi van, ha a nevüket nem említi az újság, vagy a műsorszolgáltató? Nagy az esély, hogy nem lesz túl sok egyén és vállalat, amely még így is vállalja az adakozást.

Jézus ezt mondta a Máté 6,1-2-ben: „*Vigyázzatok, hogy alamizsnátokat ne osztogassátok az emberek előtt, hogy lássanak titeket; mert különben nem lesz jutalmatok a ti mennyei Atyátoknál. Azért mikor alamizsnát osztogatsz, ne kürtöltess magad előtt, a hogy a képmutatók tesznek a zsinagógákban és az utczákon, hogy az emberektől dícséretet nyerjenek. Bizony mondom néktek: elvették jutalmukat.*" Ha segítünk másoknak, de azért, hogy tiszteletet nyerjünk másoktól, talán tiszteletben tartanak bennünket egy darabig, de nem kapunk jutalmat Istentől.

Ez a fajta adakozás csak az önelégültség miatt történik, vagy azért, hogy dicsekedni tudjunk. Ha valaki a jótékonysági munkát csak a formalitás miatt teszi, a szíve egyre jobban felemelkedik, mert elnyeri a dicséreteket. Ha Isten megáldja ezt a fajta embert, ő is megfelelőnek fogja tartani magát Isten szemében. Nem metéli körül a szívét, és ez csak károkat okoz neki. Ha úgy végzel karitatív munkát, hogy van benned szeretet a szomszédjaid iránt, akkor nem érdekel, hogy mások elismerik, amit teszel, vagy sem. Ez azért van, mert úgy gondolod, hogy Isten az Atya, aki látja, amit titokban teszel, megfizet neked (Máté 6,3-4).

A jótékonysági munka az Úr nevében nem csak az alapvető szükségletek kielégítéséről szól, mint a ruhák, az élelmiszer, és a lakhatás. Inkább a lelki kenyér adásáról szól, hogy megmentse a lelkét a másik embernek. Napjainkban, függetlenül attól, hogy hiszünk az Úrban vagy nem, sokan azt mondják, az egyházak szerepe az, hogy segítse a betegeket, az elhanyagolt és szegény embereket. Ez nem helytelen, de az első feladata a templomnak mégis az, hogy hirdesse az evangéliumot, és mentse meg a lelkeket, hogy azok lelki békét találjanak. A jótékonysági munka végső célja ezekben rejlik.

Ezért, ha segítünk másoknak, nagyon fontos, hogy a megfelelő munkát végezzük, a Szentlélek útmutatása alapján. Ha nem megfelelő segítséget kap valaki, lehet, hogy megkönnyítjük neki, hogy eltávolítsa magát még jobban Istentől. A legrosszabb esetben, a halál útjára is vezethetjük őt. Például, ha segítünk azoknak, akik elszegényedtek a túlzott alkoholfogyasztás és a szerencsejáték miatt, vagy azoknak, akik megpróbáltatásokkal kell szembenézzenek, mert szembeálltak az Isten akaratával, akkor a segítségünk csak azt okozza majd számukra, hogy tovább menjenek a rossz irányba. Természetesen ez nem azt jelenti, nem szabad segíteni azoknak, akik nem hívők. Segítenünk kell a hitetleneket azzal, hogy az Isten szeretetét közvetítjük nekik. Nem szabad azonban elfelejteni, hogy a fő célja a karitatív munkáknak az, hogy terjesszük az evangéliumot.

Új hívők esetében, akiknek gyenge a hite, elengedhetetlen, hogy erősítsük őket, amíg a hitük megnő. Néha még azok között is, akik hisznek, vannak, akik veleszületett betegséggel küzdenek, míg másokat egy baleset akadályoz meg abban, hogy eltartsák magukat. Vannak idősek, akik egyedül élnek, vagy gyermekek, akik háztartást vezetnek a szülők hiánya miatt. Ezeknek az embereknek mindenképpen szükségük van a karitatív munkára. Ha segítünk ezeknek az embereknek, akik ténylegesen igénylik a segítségünket, Isten a lelkünket boldogítja, és minden jól megy nekünk majd.

Az Apostolok Cselekedetei 10. fejezetében, Cornelius olyan ember volt, aki megkapta az áldást Istentől. Cornelius félte Istent, és segített a zsidó népen, sokat. Százados volt, egy magas rangú tiszt az Izraelt megszálló hadseregben, mely uralkodott a zsidók felett. A helyzetében nehéz lehetett neki, hogy segítsen a helyi embereknek. A zsidók óvatosan gyanúsan nézhették, hogy mit csinál, és kollégái is kritizálták, amit tett. Azonban, mivel félt Istentől, nem hagyta abba a jó cselekedeteket és a jótékonykodást. Isten látta a jó cselekedeteit, és elküldte Pétert a háztartásába, hogy ne csak a közvetlen családja, hanem mindazok, akik vele voltak az otthonában, megkapják a Szentlelket és az üdvösséget.

Nem csak a karitatív munkákat kell lelki szeretettel végezni, hanem az áldozatokat is így kell felmutatni Istennek. A Márk 12-ben olvashatunk egy özvegyről, akit dicsért Jézus, mert az áldozatot teljes szívből adta. Csak két rézérmét ajánlott fel, ami mindene volt, amiből meg kellett volna élnie. Tehát, miért dicsérte meg Jézus? A Máté 6,21 azt mondja: *„…Mert a hol van a ti kincsetek, ott van a ti szívetek is."* Mint láttuk, amikor az özvegy odaadta a teljes megélhetését, az azt jelentette, hogy a teljes szívét Istennek ajánlotta fel. Ezzel fejezte ki az Isten iránti szeretetét. Ellenkező esetben, a vonakodva tett felajánlások, vagy azok, amelyek esetén tudatában vagyunk mások attitűdjeinek és véleményeinek, nem kedvesek Isten előtt. Következésképpen, az ilyen ajánlatok nem hoznak jót az ajándékozónak.

Beszéljünk most az önfeláldozásról. Az „átadom a testem, hogy elégjen" itt azt jelenti, hogy „feláldozza magát teljesen." Általában az áldozatok szeretetből fakadnak, de lehet, hogy hiányolják a szeretetet. Akkor, mi van az áldozatokkal, amelyek szeretet nélkül jönnek létre?

Különböző dolgokról panaszkodni, miután elvégeztük Isten munkáját, jó példa az áldozat nélküli szeretetre. Ha már minden erőnket, időt és pénzt Isten munkáira költöttünk, de senki sem ismeri el a munkánkat, és nem is dicséri meg, úgy érezhetjük, sajnáljuk az egészet, és panaszkodunk. Ez van, amikor látjuk a munkatársainkat, és úgy érezzük, hogy nem olyan lelkesek, mint mi, annak ellenére, hogy azt állítják, hogy szeretik Istent és az Urat. Lehet, hogy azt mondjuk magunknak, hogy lusták. A végén csak az ítélet és az elítélés, amit érzünk irántuk. Ez a hozzáállás a titkolt vágyainkat tükrözi, hogy az érdemeink kiderüljenek, hogy mások is dicsérjenek minket, és dicsekedhessünk a hűségünkkel, arrogánsan. Ez a fajta hozzáállás megtörheti a népek közötti békét, és szívfájdalmat okozhat Istennek. Így: az áldozat nélküli szeretet nem használ semmit.

Lehet, hogy nem panaszkodsz szavakkal. De ha senki sem ismeri el a hűséges munkádat, akkor csüggedt leszel, és úgy gondolod, hogy semmi vagy, és a lelkesedésed az Úr iránt lehűl. Ha valaki rámutat a hibákra és a gyenge pontokra a munkádban, amelyet minden erődet felhasználva végeztél el, és még magadat is feláldoztad, akkor lehet, hegy elcsüggedsz, és hibáztatod azokat, akik bírálták téged. Ha valaki több gyümölcsöt terem, mint te, és dicsérik és kedvelik mások, féltékeny és irigy leszel rá. Akkor nem számít, mennyire hűséges és lelkes voltál, nem érezhetsz igazi örömet. Lehet, hogy még a feladataidat is feladod.

Vannak olyanok is, aki lelkesek, ha mások figyelnek. Amikor már nem látják mások, és már nem veszik észre őket, lusták lesznek, és a munkájukat véletlenszerűen vagy nem megfelelően végzik el. Ahelyett, hogy olyan munkát végeznének, amely nem látványos kívülről, csak megpróbálják elérni, hogy a munkájuk nagyon látható legyen mások számára. Ez azért van, mert bennük van a vágy, hogy felfedjék magukat a feletteseiknek, hogy azok megdicsérjék őket.

Tehát, ha valakiben van hit, hogyan hozhat áldozatokat, amelyekben nincs szeretet? Ez azért van, mert nincs bennük lelki szeretet. Hiányzik belőlük a tulajdonosi hit, hogy elhiggyék: ami az Istené, az övék, és mi az övék, az az Istené.

Például, hasonlítsuk össze azt a helyzetet, amikor az egyik gazda a saját területén dolgozik, és a másik valaki más területén, bérért, amit neki fizetnek. Ha a mezőgazdasági termelő a saját területén dolgozik, könnyen veszi a fáradalmakat reggeltől késő estig. Nem hagyja ki a különböző feladatokat, és minden munkát elvégez, hiba nélkül. De amikor egy felvett paraszt dolgozik egy olyan területen, amely a másé, nem fordítja minden energiáját a munkára, hanem azt kívánja, hogy elteljen a nap a lehető leghamarabb, hogy megkapja a bérét, és induljon haza. Ugyanez az elv érvényes Isten királyságára is. Ha az emberek nem rendelkeznek az Isten iránti szeretettel a szívükben, akkor felületesen fognak dolgozni, mint a felbérelt munkások, akik csak a bérüket várják. Nyögnek és panaszkodnak, ha nem kapják meg a bért, amit vártak.

Ezért a Kolosséiakhoz 3,23-24 ezt mondja: *„És valamit tesztek, lélekből cselekedjétek, mint az Úrnak és nem embereknek; Tudván, hogy ti az Úrtól veszitek az örökségnek jutalmát: mert az Úr Krisztusnak szolgáltok."* Mások segítése és saját magunk feláldozása anélkül, hogy lelki szeretet lenne bennünk, Istentől független, ami azt jelenti, hogy nem kaphatunk jutalmat Istentől (Máté 6,2).

Ha igaz szívvel akarunk áldozatot hozni, rendelkeznünk kell lelki szeretettel a szívünkben. Ha a szívünk tele van igaz szeretettel, akkor továbbra is felajánljuk az életünket az Úrnak mindenünkkel, függetlenül attól, hogy mások elismernek-e minket. Ahogy a gyertya világít a sötétségben és fénylik, mindent fel tudunk adni mi is, amit birtoklunk. Az Ószövetségben, amikor a papok megöltek egy állatot, hogy felajánlják az Istennek engesztelő áldozatként, kiöntötték a vérét, és elégették a zsírját az oltár tüzén. A mi Urunk Jézus – hasonlóan az állathoz, amelyet felajánlottak engesztelő áldozatként a bűneinkért – az utolsó csepp vérét és nedvét is kioltotta, hogy megváltsa minden ember bűnét. Megmutatta nekünk az igazi áldozathozatalt.

Miért volt hatékony az ő áldozata, amellyel sok lélek elnyerhette az üdvösséget? Azért, mert az Ő áldozata tökéletes szeretetből fakadt. Jézus Isten akaratát az élete feláldozása árán is beteljesítette. Közbenjáró imádságot ajánlott fel a lelkekért, még az utolsó pillanatban, a keresztre feszítéskor is (Lukács 23,34). Ezért az igazi áldozatért, Isten felemelte Őt, és megadta neki a legdicsőségesebb helyet a mennyben.

A Filippiek 2,9-10 ezt mondja: *„Annakokáért az Isten is felmagasztalá őt, és ajándékoza néki oly nevet, a mely minden név fölött való; Hogy a Jézus nevére minden térd meghajoljon, mennyeieké, földieké és föld alatt valóké."*

Ha eldobjuk a kapzsiságot és a tisztátalan vágyakat, és feláldozzuk magunkat tiszta szívvel, mint Jézus, Isten felemel minket, és elvezet a legmagasabb pozíciókba. Az Úr azt ígéri a Máté 5,8-ban: *„Boldogok, a kiknek szívök tiszta: mert ők az*

Istent meglátják." Abban az áldásban lesz részünk, hogy Istent szemtől szembe látni fogjuk.

Szeretet, amely túlmegy az igazságon

Yang Won Sohn az úgynevezett „szeretet-atombomba." Megmutatta a példáját az igaz szeretetből fakadó áldozatnak. Vigyázott a leprásokra, minden erejével. Börtönbe ment, mert visszautasította, hogy japán háborús szentélyekben imádkozzon a japán uralom idején Koreában. Annak ellenére, hogy elkötelezetten munkálkodott Isten királyságáért, sokkoló híreket volt kénytelen meghallani. 1948 októberében, két fiát megölték a baloldali katonák, akik a hatóságok ellen harcoltak.

Egy hétköznapi ember panaszkodott volna Istennek, mondván: „Ha Isten él, hogy teheti ezt velem?" De ő csak hálát adott, hogy a két fia is mártírhalált halt, és a mennyben lehetett, az Úr oldalán. Továbbá, megbocsátott a lázadónak, aki megölte a két fiát, és elfogadta őt fiaként. Hálát adott Istennek kilenc módon a fiai temetésén, amely mélyen megérintette a szívét sok embernek.

„Először: hálát adok azért, hogy a fiaim vértanúk lettek, bár az én vérvonalamból születtek, aki tele vagyok vétkekkel.

Másodszor: hálát adok az Istennek, amiért nekem adta ezeket a drágákat, hogy a családtagjaim lehessenek, oly sok hívő család körében.

Harmadszor: hálát adok, hogy az első és a második fiam

mindketten áldozatok lettek, akik a legszebbek voltak a három fiam és három lányom közül.

Negyedszer: nehéz egy fiúnak is, hogy mártír legyen, de nekem van két fiam is, aki vértanú lett, hálát adok ezért.

Ötödször: áldás meghalni békében a hitünkért az Úr Jézusban, és hálát adok, hogy megkapták a mártíromság dicsőségét, mert meghaltak, miközben hirdették az evangéliumot.

Hatodszor: arra készültek, hogy az Egyesült Államokba mennek tanulni, de most a mennyek országába jutottak, ami sokkal jobb hely, mint az Egyesült Államok. Én megkönnyebbültem, és hálát adok.

Hetedszer: hálát adok az Istennek, aki lehetővé tette számomra, hogy elfogadjam nevelt fiamnak azt, aki az ellenségem, mert megölte a fiaimat.

Nyolcadszor: hálát adok, mert azt hiszem, bőséges mennyei gyümölcsöt terem a két fiam mártírsága.

Kilencedszer: hálát adok az Istennek, mert lehetővé tette számomra, hogy észrevegyem az Ő szeretetét, és képes legyek örülni még a mostani nehézségek között is."

Hogy vigyázzon a beteg emberekre, Yang Won Sohn lelkész még a koreai háború idején sem mondott le. Végül mártírhalált halt a kommunista katonák miatt. Vigyázott a beteg emberekre, gondozta őket, mert mások teljesen elhanyagolták őket, és a jósága miatt még az ellenséget is ápolta, aki megölte a fiát. Képes volt feláldozni magát, ahogy tette, mert tele volt igaz szeretettel Isten és más lelkek iránt.

A Kolosséiakhoz 3,14-ben Isten ezt mondja nekünk: *„Mindezeknek fölébe pedig [öltözzétek föl] a szeretetet, mint a mely a tökéletességnek kötele."* Még ha szép szóval is beszélünk, mint az angyalok, és megvan a képességünk arra, hogy prófétáljunk, valamint a hitünk, hogy egy hegyet elmozdítsunk, és feláldozzuk magunkat azoknak, akiknek szüksége van ránk, a tetteink nem tökéletesek Isten előtt mindaddig, amíg nincs bennünk igaz szeretet. Nos, hadd ássuk magunkat mélyebbre abban, hogy milyen jelentéssel bír az igaz szeretet, hogy elérjük Isten szeretetének határtalan dimenzióját.

MÁSODIK FEJEZET ⁓ *A szeretet jellemzői*

A szeretet jellemzői

*„A szeretet hosszútűrő, kegyes; a szeretet nem irígykedik,
a szeretet nem kérkedik, nem fuvalkodik fel.
Nem cselekszik éktelenül, nem keresi a maga hasznát,
nem gerjed haragra, nem rójja fel a gonoszt,
Nem örül a hamisságnak, de együtt örül az igazsággal;
Mindent elfedez, mindent hiszen, mindent remél, mindent eltűr."*

1 Korinthusi 13,4-7

A Máté 24-ben találunk egy jelenetet, amelyben Jézus kesereg Jeruzsálemben, tudva, hogy az Ő ideje már közel. Keresztre kellett feszíteni Isten gondviseléséből, de amikor a katasztrófára gondolt, amely a zsidókra és Jeruzsálemre jön majd, nem tudott uralkodni magán, és siránkozott. A tanítványok nem értették, miért, és megkérdezték tőle: *"Mondd meg nékünk, mikor lesznek meg ezek? és micsoda jele lesz a te eljövetelednek, és a világ végének?"* (3. vers).

Tehát Jézus sok jelet megosztott velük, és azt mondta, hogy a szeretet kihűl: *"És mivelhogy a gonoszság megsokasodik, a szeretet sokakban meghidegül"* (12. vers).

Ma már minden bizonnyal úgy érezzük, hogy az emberek szeretete kihűlt. Sokan keresik a szeretetet, de nem tudják, mi az igazi szeretet, azaz a lelki szeretet. Nem rendelkezhetünk igaz szeretettel csak azért, mert azt akarjuk, hogy az legyen. Megszerezhetjük fokozatosan, ahogy az Isten szeretete beköltözik a szívünkbe. Elkezdjük megérteni, mi az, és elkezdjük a gonoszságot a szívünkből kitakarítani.

A Rómaiak 5,5 ezt tartalmazza: *"...A reménység pedig nem szégyenít meg; mert az Istennek szerelme kitöltetett a mi szívünkbe a Szent Lélek által, ki adatott nékünk."* Érezzük az Isten szeretetét a Szentlélek által a szívünkben.

Isten elmondja a lelki szeretet jellemzőit nekünk az 1 Korinthusi 13,4-7-ben. Isten gyermekei számára szükséges, hogy megismerjék őket, és gyakorolják őket, így válhatnak a szeretet hírnökeivé, akik lehetővé teszik, hogy az emberek érezzék a lelki szeretetet.

1. A szeretet türelmes

Ha valakiből hiányzik a türelem, az összes egyéb jellemzői közül a lelki szeretetnek, könnyen kedvét szegheti másoknak. Tegyük fel, hogy egy vezető egy bizonyos munkát kioszt valakinek, aki nem végzi el a dolgát megfelelően. Tehát, a vezető gyorsan odaadja a munkát valaki másnak, hogy befejezze. Az eredeti dolgozó, aki megkapta a feladatot, kétségbe esik, mivel nem kapott egy második esélyt, hogy jól teljesítsen. Isten a „türelmet" a lelki szeret első jellemzőjeként adta meg, mert ez a legalapvetőbb jellemzője a lelki szeretetnek. Ha van bennünk szeretet, a várakozás nem unalmas.

Amint felismerjük Isten szeretetét, igyekszünk megosztani az emberekkel, akik körülöttünk vannak. Néha, amikor megpróbáljuk szeretni a másik embert, negatív reakciókat kapunk tőle, ami valóban megtörheti a szívünket, vagy nagy veszteséget vagy kárt okozhat nekünk. Ezek az emberek nem lesznek kedvesek többé a számunkra, és nem leszünk képesek megérteni őket. Ahhoz, hogy lelki szeretettel bírjunk, türelmesnek kell lennünk, és szeretnünk kell még ezeket az embereket is. Még ha rágalmaznak is minket, vagy gyűlölnek, megpróbálnak nehézségeket okozni nekünk ok nélkül, ellenőriznünk kell a tudatunkat, türelmesnek kell maradnunk, és szeretnünk kell őket.

Egy egyháztag egyszer megkért, hogy imádkozzak a felesége depressziója miatt. Azt is mondta, hogy részeges, és miután elkezdett inni, egy teljesen más ember lett, és hogy nehézséget okozott a családtagjainak. A felesége azonban türelmes volt vele minden alkalommal, és megpróbálta eltüntetni a hibáját a szeretetével. De a szokásai nem változtak, és az idő múlásával alkoholista lett. A felesége elvesztette az életerejét, és a depresszió legyőzte őt.

Igen nehéz időszakot okozott a családjának az ivással, de azért eljött, hogy megkapja az imádságot tőlem, mert még mindig szerette a feleségét. Miután meghallgattam a történetet, azt mondtam neki: „Ha igazán szereted a feleségedet, mi olyan nehéz a dohányzás és az alkoholfogyasztás elhagyásában?" Nem mondott semmit, és úgy tűnt, hogy nincs önbizalma. Sajnáltam a családját. Imádkoztam a feleségéért, hogy meggyógyuljon a depresszióból, és imádkoztam, hogy megkapja az erőt, hogy leszokjon a dohányzásról és az alkoholfogyasztásról. Isten ereje elképesztő volt! Képes volt azonnal leszokni az ivásról az ima után. Előtte nem volt módja, hogy abbahagyja az ivást, de azonnal az ima után kilépett belőle. A felesége is meggyógyult a depresszióból.

A türelem a lelki szeretet kezdete

Ahhoz, hogy lelki szeretet legyen bennünk, kell hogy legyen bennünk türelem másokkal, bármilyen helyzetben. Kellemetlen számodra a kitartás? Vagy, mint a történetben szereplő feleség esetében, elcsüggedsz, ha már hosszú ideje türelmes voltál, de a helyzet nem változik egyáltalán? Mielőtt a felelősséget a körülményekre vagy más emberekre kennéd, először meg kell vizsgálnod a szívedet. Ha teljesen megpróbáltad művelni az igazságot a szívedben, nincs olyan helyzet, amelyben nem leszel türelmes. Azaz, ha nem vagyunk türelmesek, az azt jelenti, hogy a szívünkben még mindig van gonoszság, ami a hazugságból ered, és ezért hiányzik a türelem belőlünk.

Türelmesnek lenni azt jelenti, hogy türelmesek vagyunk önmagunkkal, és minden nehézséggel, amellyel találkozunk, amikor megpróbáljuk megmutatni az igazi szeretetet. Lehetnek nehéz helyzetek, amikor megpróbálunk mindenkit szeretni, engedelmeskedve Isten Igéjének, és ez a türelem a lelki szeretet türelme, amely segít, hogy türelmesek maradjunk minden helyzetben.

Ez a türelem eltér attól, amely a Szentlélek kilenc gyümölcsében szerepel a Galata 5,22-23-ban. Miben különbözik tőle? A „türelem," amely a Szentlélek kilenc gyümölcse közül az egyik, arra ösztönöz minket, hogy legyünk türelemmel, mindenben, Isten királysága és igazságossága miatt, míg a lelki szeretet türelme az, hogy türelmesen műveljük a lelki szeretetet, és így szűkebb és konkrétabb jelentése van. Azt lehet mondani, hogy abba a türelembe tartozik, amely egyike a Szentlélek kilenc gyümölcsének.

Manapság az emberek nagyon könnyen beperelik egymást,

Türelem, mint a Szentlélek kilenc gyümölcsének egyike	1. Mindent el kell dobnunk magunktól, ami hazug, és ápolnunk kell a szívünket az igazsággal 2. Másokat meg kell értenünk, a hasznukat kell keresnünk, és békében kell lennünk velük 3. Választ kell kapnunk az imánkra, az üdvösségre, és azokra a dolgokra, amelyeket Isten megígért nekünk

amiért a legcsekélyebb kárt okozták egymás tulajdonában vagy a jó közérzetükben. A perek csak úgy áradnak az emberek között. Sokszor beperelik a saját feleségüket vagy férjüket, vagy akár a saját szüleiket, vagy a gyerekeiket. Ha türelmes vagy másokkal, az emberek talán még ki is gúnyolnak, mondván, hogy bolond vagy. De mit mond Jézus?

Ahogy a Máté 5,39-ben látjuk: *"Én pedig azt mondom néktek: Ne álljatok ellene a gonosznak, hanem a ki arczul üt téged jobb felől, fordítsd felé a másik orczádat is,"* és a Máté 5,40-ben: *"És a ki törvénykezni akar veled és elvenni a te alsó ruhádat, engedd oda néki a felsőt is."*

Jézus nem csak azt mondja, hogy ne fizessük vissza a gonoszt gonoszsággal, hanem, hogy legyünk türelemmel. Azt is mondja, hogy tegyünk jót azokkal, akik gonoszok. Azt gondolhatnánk: „Hogyan lehetnék jó vele, hisz annyira dühös vagyok, és sértett?" Ha van bennünk hit és szeretet, képesek leszünk erre. Ez a hit az Isten szeretetébe vetett hit, aki ideadta nekünk az Ő egyszülött Fiát, mint engesztelő áldozatot a bűneinkért. Ha elhisszük, hogy megkaptuk ezt a fajta szeretetet, akkor megbocsátunk még azoknak is, akik nagy szenvedést és kárt okoztak nekünk. Ha szeretjük Istent, aki úgy szer minket, hogy az egyszülött Fiát is nekünk adta, és ha szeretjük az Urat, aki odaadta az életét értünk, képesek leszünk szeretni bárkit.

Határtalan türelem

Vannak, akik elnyomják a gyűlöletet, haragot, vagy indulatot és más negatív érzelmeket magukban, amíg végül elérik a türelmük határát, és felrobbannak. Vannak befelé forduló emberek, akik nem fejezik ki magukat könnyen, csak szenvednek a szívükben belül, és ez elvezeti őket a különböző kedvezőtlen egészségügyi állapotokba, amelyeket a túlzott stressz okoz. Ez a fajta türelem olyan, mintha a kezünkkel akarnánk egy fémrugót lenyomni. Ha elvesszük a kezünket, a rugó visszapattan.

Az a fajta türelem, amit Isten akar tőlünk, ilyen: legyünk türelemmel végig, anélkül, hogy szemléletet váltanánk. Pontosabban, ha van bennünk ilyen türelem, akkor nem is kell, hogy türelemmel legyünk bármivel. Nem tárolnánk el a gyűlöletet és a haragot a szívünkben, de eltávolítanánk az eredeti gonosz természetet, ami haragot okoz bennünk, és átalakítanánk azt szeretetté és együttérzéssé. Ez a lényege a türelem spirituális jelentésének. Ha nincs rosszaság a szívünkben, hanem csak lelki szeretet, nem nehéz szeretni, még az ellenségeinket sem. Sőt, nem engednénk, hogy bármifajta ellenségeskedés kialakuljon bennünk.

Ha a szívünk tele van gyűlölettel, veszekedéssel, irigységgel és féltékenységgel, akkor először a negatív tulajdonságokat látjuk meg másokban, annak ellenére, hogy valójában jó szívűek. Ez olyan, mint ha napszemüveget viselnénk, amellyel minden sötétebbnek tűnik. Másrészt viszont, ha a szívünk tele van szeretettel, akkor még azok az emberek is, akik gonosz módon cselekednek, továbbra is jónak tűnnek a számunkra. Nem számít, milyen hiányosságuk, hibájuk vagy gyengeségük van, lehet, hogy nem fogjuk utálni őket. Még ha utálnak is minket, és gonoszsággal kezelnek minket, mi nem utáljuk őket vissza.

Türelem van Jézus szívében is, aki „nem töri ketté a megrepedezett nádat, és nem olt el egy füstölgő kanócot." István szívében is benne van, aki imádkozott, még azokért is, akik megkövezték őt, mondván: *"Uram, ne tulajdonítsd nékik e bűnt!"* (Apostolok cselekedetei 7,60). Megkövezték őt, csak azért, mert hirdette nekik az evangéliumot. Nehéz volt Jézusnak szeretni a bűnösöket? Egyáltalán nem! Ez azért van, mert az Ő Szíve az igazság maga.

Egy napon Péter megkérdezte Jézust: *"Uram, hányszor lehet az én atyámfiának ellenem vétkezni, és néki megbocsátanom? még hétszer is?"* (Máté 18,21). Jézus ezt válaszolta: *"Nem mondom néked, hogy még hétszer is, hanem még hetvenhétszer is"* (22. vers).

Ez nem jelenti azt, hogy csak hetvenszer hétszer, azaz négyszázkilencvenszer kell megbocsátanunk. A hét spirituális értelemben a tökéletességet szimbolizálja. Ezért, a hetvenszer hétszer való megbocsátás a tökéletes megbocsátást jelképezi. Érezhetjük Jézus határtalan szeretetét és a megbocsátását ebben.

Türelem, amely megvalósítja a lelki szeretetet

Persze, nem könnyű a gyűlöletet szeretetté alakítanunk egyik napról a másikra. Türelemmel kell lennünk, hosszú ideig, szünet nélkül. Az Efézus 4,26 azt mondja: *"Ám haragudjatok, de ne vétkezzetek: a nap le ne menjen a ti haragotokon."*

Itt azt mondja, "haragudjatok," amikor azokat kezeljük, akiknek gyenge a hite. Isten azt mondja azoknak, akik mérgelődnek a hit hiánya miatt, hogy ne tárolják a haragjukat, míg a nap lemegy, nevezetesen: "hosszú ideig," csak engedjék, hogy ezek az érzések elmúljanak. Az egyes ember hitének mértéke szerint, akkor is, ha a személy haragszik, ha megpróbálja levetni magáról ezeket az érzéseket türelemmel és kitartással, meg tudja változtatni a szívét az igazsággal, és a szellemi szeretet növekedni fog szívében apránként.

Ami a bűnös természetet illeti, amely gyökeret eresztett mélyen a szívbe, a személy negszabadulhat tőle, ha imádkozik buzgón, a Szentlélek teljességével. Nagyon fontos, hogy megpróbáljuk azokat az embereket, akiket nem szeretünk, szívességgel kezelni, és megmutassuk nekik a jóságunk tetteit. Ahogy ezt tesszük, a gyűlölet a szívünkben hamarosan eltűnik, és szeretni fogjuk őket. Nem lesz konfliktusunk, és nem lesz senki, akit utálnánk. Boldog életet fogunk élni, mint a mennyben, ahogy az Úr mondta: *„mert ímé az Isten országa ti bennetek van"* (Lukács 17,21).

Az emberek azt mondják, hogy olyan, mintha a mennyben lennének, amikor nagyon boldogok. Hasonlóképpen, az, hogy mennyország bennünk van, azt jelenti, hogy levetettünk minden valótlanságot a szívünkből, és megtöltöttük igazsággal, szeretettel és jósággal. Ekkor nem kell, hogy türelemmel legyünk, mert mindig boldogok és vidámak leszünk, telve kegyelemmel, és mindenkit szeretve magunk körül. Minél jobban eldobtuk a gonoszt, és megvalósítottuk a tökéletes jóságot, annál kevesebb türelmet kell gyakorolnunk. Ha elértük a lelki szeretetet, nem kell, hogy türelemmel elnyomjuk az érzéseinket, és képesek leszünk arra, hogy türelmesen és békésen várjuk, hogy mások változzanak a szeretet jegyében.

A mennyországban nincsenek könnyek, nincs bánat, és nincs fájdalom. Mivel nincs rossz egyáltalán, csak jóság és szeretet, nem fogsz gyűlölni senkit ott, nem leszel mérges vagy lobbanékony senkivel sem. Szóval, nem kell visszatartani, és irányítani az érzelmeket. Természetesen a mi Istenünk nem kell, hogy türelemmel legyen semmiben, mert Ő maga a szeretet. A Biblia azt mondja, hogy „a szeretet türelmes," és ennek az az oka, hogy nekünk, embereknek, van lelkünk és gondolataink, és mentális kereteink. Isten azt akarja, hogy segítsen az embereknek megérteni ezt. Minél jobban eldobtad a gonoszt, és megvalósítottad a tökéletes jóságot, annál kevésbé kell hogy türelemmel élj.

Az ellenség baráttá változtatása a türelem által

Abraham Lincoln, az Egyesült Államok tizenhatodik elnöke és Edwin Stanton nem voltak jó viszonyban, amikor ügyvédek voltak. Stanton gazdag családból származott, és jó nevelést kapott. Lincoln apja szegény cipész volt, és be sem fejezte az általános iskolát. Stanton gúnyolódott Lincolnon, kemény szavakat vágott hozzá. De Lincoln sosem volt dühös, és soha nem beszélt ellenségesen vele.

Miután Lincolnt megválasztották elnöknek, kinevezte Stantont hadügyminiszternek, ami az egyik legfontosabb pozíció volt a kabinetben. Lincoln tudta, hogy Stanton volt a legmegfelelőbb személy erre. Később, amikor Lincolnt lelőtték a Ford Színházban, sok ember a saját életét mentette. De Stanton egyenesen Lincolnhoz rohant. A karjába vette, a szeme megtelt könnyel, és azt mondta: „Itt fekszik a legnagyobb ember a világon. Ő a legnagyobb vezető a történelemben."

A türelem a lelki szeretetben létrehozhat csodákat, amelyek által az ellenségek barátokká válnak. A Máté 5,45 ezt mondja:

„Hogy legyetek a ti mennyei Atyátoknak fiai, a ki felhozza az ő napját mind a gonoszokra, mind a jókra, és esőt ád mind az igazaknak, mind a hamisaknak."

Isten még azokkal is türelmes, akik rosszat tesznek, és azt akarja, hogy változzanak meg egy nap. Ha a gonosz személyeket gonoszsággal kezeljük, az azt jelenti, mi magunk is gonoszak vagyunk, de ha türelmesek vagyunk, és szeretjük őket úgy, hogy felnézünk Istenre, aki majd megjutalmaz minket, szép lakóhelyet kapunk később a Mennyben (Zsoltárok 37,8-9).

2. A szeretet kedves

Ezópus meséi között van egy történet a napról és a szélről. Egy nap a szél és a nap tett egy fogadást, hogy ki lesz az első, aki eltávolítja a kabátot egy elhaladóról. A szél próbálkozott először, és diadalmasan felpuffaszkodott, majd kiadott magából egy erős széllökést, ami levitte a fa koronáját. Az elhaladó férfi jobban magára húzta a kabátját. Ezután a nap, finom mosollyal az arcán, meleg napsütést adott ki magából. Ahogy meleg lett, az ember úgy érezte, felhevült, és hamarosan levette a kabátját.

Ez a történet nagyon jó lecke a számunkra. A szél megpróbálta kényszeríteni a férfit, hogy vegye le a kabátját, de a nap volt az, aki az embert rávette, hogy a kabátját levegye, önként. A kedvesség is valami ehhez hasonló. A kedvesség azt jelenti, hogy megérintsük és bevegyük mások szívét, nem fizikai erővel, hanem jósággal és szeretettel.

A kedvesség bármilyen fajta embert elfogad

Aki kedves, el tud fogadni bármilyen személyt, és sokan pihenhetnek meg az oldalán. A kedvesség szótári definíciója a következő: „a kedvesség minősége vagy létállapota," és a kedvesség az, hogy valaki türelmes természetű. Ha egy darab pamutra gondolunk, jobban meg tudjuk érteni a kedvességet. A pamut semmilyen zajt nem csap, akkor sem, ha más tárgyak hozzáérnek. Csak magába ölel más tárgyakat.

Továbbá, a kedves ember olyan, mint egy fa, amely alatt sok

ember meg tud pihenni. Ha egy nagy fa alá húzódunk egy forró nyári napon, hogy elkerüljük a perzselő napsütést, sokkal jobban érezzük magunkat, és hűvöst érzünk. Hasonlóképpen, ha valakinek kedves a szíve, sok ember szeretne e személy oldalán lenni, és mellette pihenni.

Általában, ha egy ember olyan kedves és szelíd, hogy nem mérges senkire, aki zavarja őt, és nem ragaszkodik a saját véleményéhez, akkor azt mondják, hogy szelíd és jószívű. Nem számít, mennyire jámbor és szelíd, ha a jóságát nem ismeri fel Isten, akkor nem tekinthető igazán szelídnek. Vannak, akik csak azért engedelmeskednek másoknak, mert a természetük gyenge és konzervatív. Vannak megint mások, akik elnyomják a haragjukat, annak ellenére, hogy az elméjük ideges, amikor mások zavarják őket. Ők nem tekinthetők kedvesnek. Azok az emberek, akik nem rosszak, és csak szeretet van a szívükben, elfogadják és elviselik a gonosz embereket lelki szelídséggel.

Isten lelki kedvességet akar

A spirituális kedvesség eredménye a lelki szeretet teljessége, amelyben nincs gonoszság. A lelki jóság nem áll senki ellen, hanem elfogad mindenkit, nem számít, hogy mennyire gazember az illető. Azért visel el mindenkit, mert bölcs. Meg kell értenünk, hogy nem leszünk kedvesek csak azért, mert feltétel nélkül megértünk másokat, és megbocsátunk nekik, és gyengédek vagyunk mindenkivel. Igazságosaknak, méltóságteljeseknek és tekintélyeseknek kell lennünk, hogy képesek legyünk irányítani és befolyásolni másokat. Szóval, egy spirituálisan kedves ember nem csak finom, hanem bölcs és egyenes is. Az ilyen ember példás életet él. A lelki jóság azt jelenti, hogy szelídség van a szívünkben belül, valamint erényes nagylelkűség kívül.

Még ha rendelkezünk is kedves szívvel, és csak jóság van bennünk, ha csak belső szelídség van bennünk, kedvesség, ez önmagában nem tesz minket képessé arra, hogy átöleljünk, és pozitívan befolyásoljunk másokat. Tehát, ha nem csak belső kedvesség van bennünk, hanem kifelé az erényes nagylelkűség jeleit is mutatjuk, a kedvességünk tökéletessé válhat, és nagyobb erőt mutathatunk. Ha van bennünk nagylelkűség és egy kedves szív, sok ember szívét tudjuk szeretni, és sok minden mást is meg tudunk valósítani.

Akkor tudunk igaz szeretetet mutatni másoknak, ha jóság és kedvesség van a szívünkben, az együttérzés teljessége, valamint nagylelkű erényesség, hogy képesek legyünk irányítani másokat, hogy a helyes utat válasszák. Ily módon elvezethetünk sok lelket az üdvösség útjára, amely a helyes út. A belső kedvesség nem ragyoghat át a fény nélküli, erényes, külső nagylelkűségen. Nos, hadd nézzük most meg, mit kell tennünk, hogy a belső kedvességet műveljük.

A standard, amellyel megmérjük a belső kedvességet, a megszentelődés

Annak érdekében, hogy a kedvességet elérjük, először is, meg kell szabadulnunk a rosszaságtól a szívünkben, és szentté kell válnunk. Egy kedves szív olyan, mint a pamut, és ha valaki agresszíven cselekszik is vele, nem szól, csak átöleli a személyt. Egy kedves szívvel rendelkező emberben nincs rosszaság, és nem ütközik más emberekkel. Azonban, ha éles a szívünk, és gyűlölet van benne, féltékenység és irigység, vagy egy megkeményedett szív, mely a saját igazságát és merev kereteit ismeri csak el, nehéz lesz számunkra, hogy átöleljünk másokat.

Ha egy kő leesik, és elüt egy másik kemény követ, vagy egy nehéz fémtárgyat, zajt okoz, majd leesik. Ugyanígy, ha a testi énünk még mindig életben van, még akkor is felfedjük a kellemetlen érzéseinket, ha mások csak a legkisebb kellemetlenséget okozzák nekünk. Amikor valakiről tudják, hogy hiányosságai vannak, és egyéb hibái, lehet, hogy nem kelünk a védelmére, nem értjük meg, hanem elítéljük, pletykálunk róla, és megrágalmazzuk őt. Azt jelenti, hogy olyanok vagyunk, mint egy kis edény, amely túlárad és kiömlik, ha megpróbálunk beletenni valamit.

Egy kis szív ez, amely tele van mocskos dolgokkal, annyira, hogy nincs több hely benne befogadni semmi mást. Például, lehet, hogy sértve érezzük magunkat, ha mások rámutatnak a hibáinkra. Vagy ha másokat suttogni látunk, talán azt hisszük, hogy beszélnek rólunk, és azon tűnődünk, hogy mit beszélnek rólunk. Talán megítélünk másokat, csak azért, mert átsiklott a pillantásuk rajtunk röviden.

Ha nincs gonoszság a szívünkben, a kedvesség művelésének az alapfeltételét meg is teremtettük már. Ennek az az oka, hogy ha nincs rossz a szívünkben, ápolni tudunk másokat a szívünkben, és a jóság és a szeretet fátylán át láthatjuk őket. Egy kedves ember másokra irgalommal és együttérzéssel tekint, mindig. Nem áll szándékában, hogy megítéljen vagy elítéljen másokat, csak megpróbál megérteni másokat a szeretet és a jóság által, és még a gonosz emberek szívét is elolvasztja a melegsége.

Különösen fontos, hogy azok, akik tanítanak másokat, és irányítani próbálják őket, megszenteltek legyenek. Olyan mértékben, amennyire gonoszak, használni fogják a saját testi gondolataikat. Ugyanilyen mértékben: nem tudják pontosan felismerni a nyáj helyzetét, így nem képesek irányítani a lelkeket, hogy a zöld legelők és csendes vizek felé igyekezzenek. Tudjuk fogadni a Szentlélek útmutatását, és megértjük a nyáj helyzetét helyesen, hogy a legjobban vezessük őket, de csak ha már teljesen megszentelődtünk. Isten is csak azokat ismeri el, akik teljesen megszentelődtek, és igazán kedvesek. A különböző embereknek különböző elképzelése van arról, hogy milyenek a kedves emberek. De a kedvesség az emberek és Isten szemében eltér egymástól.

Isten elismerte Mózes kedvességét

A Bibliában Mózest elismerte Isten a kedvességéért. Megtudhatjuk, mennyire fontos az, hogy elismerjen az Isten bennünket a Számok 12. fejezetéből. Egyszer Mózes öccse, Áron és a húga, Miriam azért bírálta Mózest, mert feleségül vett egy kusita asszonyt.

A Számok 12,2 ezt tartalmazza: *„ ... És mondának: Avagy csak Mózes által szólott-é az Úr? avagy nem szólott-é mi általunk is? És meghallá az Úr."*

Mit válaszolt Isten? *„Szemtől szembe szólok ő vele, és*

nyilvánvaló látásban; nem homályos beszédek által, hanem az Úrnak hasonlatosságát látja. Miért nem féltetek hát szólani az én szolgám ellen, Mózes ellen?" (Számok 12,8).

Áron és Miriam elítélő megjegyzései Mózesről feldühítették Istent. Miattuk Miriam leprás lett. Áron olyan volt, mint egy szóvivő Mózesnek, és Miriam volt az egyik vezetője a gyülekezetnek. Azt gondolva, hogy őket is nagyon szerette és elismerte Isten, amikor azt hitték, hogy Mózes valami bajt csinált, azonnal bírálták őt emiatt.

Isten nem fogadta el, hogy Áron és Miriam elítélően beszélt Mózesről, a saját gondolataik alapján. Milyen ember volt Mózes? Elismerte őt Isten, mint a legszerényebb és legalázatosabb embert mindenki közül a föld felszínéről. Hűséges volt Isten minden házában, és ezért Isten bízott benne annyira, hogy beszélni tudott Vele szemtől szembe.

Ha megnézzük a folyamatot, amelyben Izrael népe Egyiptomból kimenekült és bement a Kánaán földjére, meg tudjuk érteni, hogy miért ismerte el Isten Mózest annyira. Az emberek, akik kijöttek Egyiptomból, többször is bűnöztek Isten akarata ellen. Panaszkodtak Mózes ellen, és hibáztatták őt még a kisebb nehézségek miatt is, és ez ugyanaz volt, mintha panaszkodtak volna Isten ellen. Minden alkalommal, amikor panaszkodtak, Mózes kérte Isten kegyelmét.

Volt egy eset, amely drámai módon megmutatta Mózes kedvességét. Míg Mózes fent volt a Sinai hegyen, hogy megkapja a parancsolatokat, a nép egy bálványt készített – egy aranyborjút – és ettek, ittak és tékozoltak, miközben imádták azt. Az egyiptomiak imádták az Istent, de mint egy bikát és egy tehenet, és utánozták ezeket az isteneket. Isten megmutatta nekik, hogy velük volt, sokszor, de ők nem mutatták a jelét az átalakulásnak. Végül Isten haragja esett rájuk. De ekkor Mózes közbenjárt értük, a saját életét ajánlva fel fedezetként: *„De most bocsásd meg bűnöket; ha pedig nem: törölj ki engem a te könyvedből, a melyet írtál!"* (Exodus 32,32).

Az „a te könyvedből, a melyet írtál" kifejezés az élet könyvére utal, amely rögzíti a nevét azoknak, akik üdvözülnek. Ha a nevedet kitörlik az élet könyvéből, akkor nem üdvözülhetsz. Ez nem csak azt jelenti, hogy nem kaphatsz üdvösséget, de azt is, hogy szenvedned kell a pokolban örökre. Mózes tudott a halál utáni életről, de azt akarta, hogy megmentse az embereket, akkor is, ha fel kellett adnia a saját üdvösségét emiatt. Mózes szíve nagyon hasonlított Isten szívére, aki nem akarja, hogy bárki is elvesszen.

Mózes a megpróbáltatások árán gyakorolta a kedvességet

Természetesen, Mózes nem volt ilyen kedves a kezdetektől fogva. Bár héber volt, egy egyiptomi hercegnő fiaként nevelkedett, és nem hiányzott neki semmi. Az egyiptomi tudás szerint a legjobb oktatást kapta, és a harci képességei nagyon jók voltak. Büszkeség, és a saját igazságába vetett hit jellemezte. Egy nap meglátott egy egyiptomit, amint megver egy zsidót, és az igazságába vetett hite miatt megölte az egyiptomit.

Emiatt szökevény lett, egyik napról a másikra. Szerencsére pásztor lett belőle a vadonban, a Midián papja segítségével, de már mindent elveszített. Az egyiptomiak nagyon alávaló munkának tekintették a pásztorkodást. Negyven éven át azt kellett tennie, amit korábban lenézett. Közben megalázta magát teljesen, felismerve Isten szeretetét, és az élet dolgait.

Isten nem az egyiptomi herceget, Mózest hívta el, hogy Izrael teljes népét vezesse. Isten Mózest, a pásztort hívta, aki megalázta magát sokszor, az Ő hívására. Megalázta magát teljesen, és kidobta a gonoszt a szívéből a megpróbáltatások által, és ezért képes volt kivezetni több mint hatszázezer embert Egyiptomból a Kánaán földjére.

Tehát a lényeg a kedvesség ápolásában az, hogy művelni kell a jóságot és a szeretetet azzal, hogy megalázzuk magunkat Isten előtt a próbatételek során, amelyeken át kell mennünk. Az alázatosságunk mértéke különbséget okoz a kedvességünkben is. Ha elégedettek vagyunk a jelenlegi gondolkodásunkkal, mivel azt hisszük, az igazságot bizonyos mértékig követtük, és mások elismernek bennünket, mint ahogy Áron és Miriam gondolta, egyre arrogánsabbak leszünk.

Az erényes nagylelkűség tökéletesíti a spirituális kedvességet

Annak érdekében, hogy ápoljuk a szellemi kedvességet, nem csak szentté kell válnunk, elvetve a rossz minden formáját, de az erényes nagylelkűséget kell művelnünk. Az erényes nagylelkűség azt jelenti, hogy mélyen megértünk és elfogadunk másokat, hogy a helyes dolgot cselekedjük, a feladatainknak megfelelően, és azt, hogy megvan a jellem bennünk ahhoz, hogy megengedjük, hogy mások is megadják a szívüket úgy, hogy megértjük a gyengeségeiket és elfogadjuk őket, és nem a fizikai hatalmunk által. Azok az emberek, akik ilyenek, kellő szeretettel bírnak ahhoz, hogy bizalmat keltsenek másokban.

Az erényes nagylelkűség olyan, mint a ruha, amelyet az emberek viselnek. Nem számít, mennyire jók vagyunk belül, ha meztelenek vagyunk, mások lenéznek minket. Hasonlóképpen, nem számít, mennyire vagyunk kedvesek, nem igazán tudjuk kimutatni a kedvességünket, ha nincs meg bennünk ez az erényes nagylelkűség. Például, valaki lehet kedves belülről, de lehet, hogy sok felesleges dologról beszél, ha másokkal van. Az ilyen embernek nincs rossz szándéka ezzel, de nem igazán nyeri el a bizalmát másoknak, mert nem teljesen jólneveltnek vagy tanultnak tűnik. Vannak, akikben nincsen semmilyen harag, mert kedvesek, és nem okoznak kárt másoknak. De ha nem segítenek másokat aktívan, vagy nem gondozzák őket gyöngéden, nehéz számukra, hogy az embereknek a szívét megnyerjék.

Azok a virágok, amelyek nem gyönyörű színűek, vagy nem jó az illatuk, nem vonzanak méheket vagy pillangókat magukhoz, akkor sem, ha sok a nektárjuk. Hasonlóképpen, ha kedvesek vagyunk, és odatartjuk a másik arcunkat is, ha pofont kaptunk az egyikre, a kedvességünk nem tud igazán ragyogni, ha nincs erényes nagylelkűség a szavainkban és cselekedeteinkben. Az igazi kedvesség megvalósul, és meg tudja mutatni a valódi értékét, de csak akkor, ha a belső kedvesség felölti az erényes nagylelkűség ruházatát.

Józsefben megvolt az erényes nagylelkűség. Jákob tizenegyedik fia volt, aki egész Izráel apja volt. A testvérei gyűlölték őt, és eladták, mint egy rabszolgát Egyiptomba, fiatal korában. Azonban, Isten segítségével ő lett a miniszterelnök Egyiptomban, harminc évesen. Egyiptom akkoriban egy nagyon erős nemzet volt, a Nílus középpontjában. Ez volt az egyike a négy nagy „civilizáció bölcsőjének." Az uralkodók és a nép is nagyon büszkék voltak magukra, és egyáltalán nem volt könnyű miniszterelnökké válni külföldiként itt. Ha egyetlen hibája lett volna Józsefnek, le kellett volna mondania azonnal.

Még egy ilyen nehéz helyzetben is, József Egyiptomot nagyon jól és nagyon bölcsen vezette. Kedves volt és alázatos, és nem volt hiba a szavaiban és a tetteiben. Bölcs és méltóságteljes volt, mint uralkodó. A hatalma csak a királyénál volt kevesebb, de nem próbálta meg uralni a népet, és nem kérkedett saját magával. Szigorú volt magával, de nagyon nagylelkű és gyengéd másokkal. Ezért a király és a miniszterek nem kellett, hogy fenntartásokkal legyenek vele, vagy óvatosak legyenek vele kapcsolatban, vagy féltékenyek legyenek rá, ezért a teljes bizalmukat bele helyezhették. Erre lehet következtetni, figyelembe véve azt, hogy az egyiptomiak melegen üdvözölték József családját, amikor Egyiptomba költöztek a Kánaánból, hogy megmeneküljenek az éhínségtől.

József kedvességét erényes nagylelkűség kísérte

Ha valakiben megvan ez az erényes nagylelkűség, az azt jelenti, hogy nagy szíve van, és nem ítélkezik mások fölött a saját gondolatai szerint, annak ellenére sem, hogy egyenes a szavaival és a tetteivel. Ez a jellemzője Józsefnek jól előjött, amikor a testvérei, akik eladták rabszolgának őt Egyiptomba, Egyiptomba mentek, hogy élelmiszert szerezzenek.

Először a testvérek nem ismerték fel Józsefet. Ez érthető, mert nem látták több mint húsz éve őt. Sőt, nem tudták elképzelni, hogy esetleg József lett volna a miniszterelnök Egyiptomban. Nos, mit érezhetett József, amikor meglátta a testvéreit, akik majdnem megölték őt, és végül eladták rabszolgának Egyiptomba? Megvolt a hatalma, hogy megfizettesse velük a bűneiket. De József nem akart bosszút állni. Elrejtette a személyazonosságát, és letesztelte őket egy párszor, hogy megnézze: a szívük ugyanaz volt-e, mint a múltban.

József valójában adott nekik egy esélyt, hogy megbánják a bűneiket Isten előtt saját maguktól, mert a bűnük, hogy eltervezték, hogy megölik és eladják a saját testvérüket, mint egy rabszolgát egy másik országba, nem volt csekély. Nem csak megbocsátott nekik, vagy megbüntette őket, de úgy irányította a helyzetet, hogy a testvérei megbánják a bűneiket, saját maguktól. Végül, miután a testvérei visszaemlékeztek a hibájukra, és sajnálatukat fejezték ki, József felfedte a személyazonosságát.

But rather he tried to comfort them and put their minds at ease. Abban a pillanatban a testvérei megijedtek. Az életük József testvérük kezében volt, aki most miniszterelnök volt Egyiptomban, amely a legerősebb ország volt a földön abban az időben. De Józsefnek nem volt szándékában, hogy megkérdezze tőlük, hogy miért tették, amit tettek. Nem fenyegette meg őket, mondván: „Most meg fogtok fizetni a bűneitekért." Megpróbálta vigasztalni őket és megnyugtatni őket: *„És most ne bánkódjatok, és ne bosszankodjatok azon, hogy engem ide eladtatok; mert a ti megmaradástokért küldött el engem Isten ti előttetek"* (Genezis

45,5).

Elismerte, hogy mindez Isten tervében volt. József nem csak megbocsátott a testvéreinek a szívéből, de meg is vigasztalta a szívüket megható szavakkal, megértve őket teljesen. Ez azt jelenti, hogy József oly módon cselekedett, amely megérintette volna akár az ellenséget is, és ez a mód az erényes nagylelkűség a külvilággal. József kedvessége, melyet az erényes nagylelkűség követett, volt a forrása a hatalomnak, amellyel megmentett oly sok életet Egyiptomban és a környékén, és az alapja volt annak, hogy elérje Isten csodálatos tervét. Amint eddig láttuk, az erényes nagylelkűség a külső kifejezése a belső kedvességnek, és ezzel megnyerhetjük sok ember szívét, és nagy hatalmat mutathatunk.

A megszentelődés szükséges ahhoz, hogy elérjük az erényes nagylelkűséget

Ahogy a belső kedvességet el lehet érni a megszentelődéssel, az erényes nagylelkűség is művelhető, amennyiben elvetjük a gonoszt magunktól, és szentté válunk. Természetesen akkor is, ha valaki nem szent, lehet, hogy képes erényes és nagylelkű cselekedetekre bizonyos mértékig a nevelése által, vagy azért, mert nagy szívvel született. De az igazi, erényes nagylelkűség olyan szívből származhat, amely mentes a gonoszságtól, és csak az igazságot követi. Ha azt akarjuk, hogy az erényes nagylelkűséget ápoljuk teljesen, nem elég, ha csupán kihúzzuk a gonoszság gyökereit a szívünkből. Még a gonoszság nyomait is ki kell tépnünk (1 Thesszalonikaiak 5,22).

Ahogy a Máté 5,48-ban látjuk: *„Legyetek azért ti tökéletesek,* *miként a ti mennyei Atyátok tökéletes."* Amikor már eldobtunk mindenféle rosszaságot a szívünkből, és feddhetetlenné váltunk a szavaink, tetteink, és a viselkedésünk által, akkor művelhetjük a kedvességet, hogy sok ember megpihenhessen bennünk. Éppen ezért, nem elégedhetünk meg, amikor végre elértük azt a szintet, ahol már levetettük a rosszat, mint a gyűlölet, az irigység, a féltékenység, a gőg és a forrófejűség. Még a kisebb rosszaságainkat is, a testieket is, ki kell hogy küszöböljük, és meg kell hogy mutassuk az igazság tetteit, az Isten Igéje és a buzgó imáink által, és azzal, hogy fogadjuk a Szentlélek irányítását.

Melyek a test gaztettei? A Rómaiak 8,13 ezt mondja: *„Mert, ha test szerint éltek, meghaltok; de ha a test cselekedeteit a lélekkel megöldökölitek, éltek."*

A test itt nem csak a fizikai testre utal. A test lelkileg az emberi testre utal, miután az igazságot kimerítette belőle. Ezért a test tettei azokra a tettekre vonatkoznak, amelyek a valótlanságból származnak, amely kitöltötte az emberiséget, amely hússá alakult. A test tettei nem csak a nyilvánvaló bűnöket jelentik, hanem mindenféle tökéletlen tetteket vagy intézkedéseket.

Volt egy különös élményem a múltban. Amikor megérintettem valamilyen tárgyat, úgy éreztem, mintha áramütést kaptam volna, és minden alkalommal rángatóztam. Féltem attól, hogy megérintsek bármit is. Természetesen, amikor megérintettem valamit később is, imádságos lélekkel hívtam az Urat. Nem volt ilyen érzésem, amikor nagyon óvatosan érintettem meg a tárgyakat. Amikor kinyitottam az ajtót, a kilincset nagyon óvatosan kezeltem. Nagyon óvatos kellett hogy legyek akkor is, ha kezet ráztam a gyülekezeti tagokkal. Ilyen jelenségek történtek néhány hónapig, és mindenben nagyon óvatos és gyengéd voltam már. Később rájöttem, hogy Isten a tetteimet és mozdulataimat tökéletesítette ezekkel a tapasztalatokkal.

Triviálisnak lehet tekinteni, de egy ember a viselkedése nagyon fontos. Vannak olyan emberek, akik rendszeresen testi kapcsolatot létesítenek másokkal, megérintik őket, ha nevetnek velük, vagy beszélnek másokkal, akik mellettük vannak. Vannak, akik nagyon hangosan beszélnek, függetlenül az időtől és a helytől, és ezzel zavarnak másokat. Ezek a viselkedésminták nem számítanak nagy hibának, de még mindig tökéletlen tettei a testnek. Azok, akikben van erényes nagylelkűség, egyenesen viselkednek minden nap, és sok ember nyugalmat talál bennük.

Változtassuk meg a szív jellemét

Ezután meg kell művelnünk a saját szívünket, hogy az erényes nagylelkűség birtokába jussunk. A szív karaktere a szív nagyságára utal. Az egyes ember szívének a karaktere szerint, néhányan többet tesznek meg, mint amit várnak tőlük, míg mások nem csak a kijelölt dolgokat, vagy valamivel kevesebbet teszik meg. Egy olyan ember, akiben erényes nagylelkűség van, nagy szívvel bír, és nem csak a saját személyes ügyeire vigyáz, de másokra is figyel.

A Filippiek 2,4 ezt tartalmazza: *„Ne nézze kiki a maga [hasznát,] hanem mindenki a másokét is."* Ez a szívkarakter különböző lehet aszerint, hogy mennyire bővítjük ki a szívünket minden körülmény között, így meg tudjuk változtatni a folyamatos erőfeszítéseink mértékét. Ha türelmetlenül csak a saját személyes érdekeinket nézzük, imádkoznunk kell alaposan, és meg kell változtatnunk a szűk elménket, nagyobbra, hogy először mások hasznát és helyzetét nézzük.

Amíg el nem adták rabszolgának Egyiptomba, József úgy nőtt fel, mint a növények és virágok a melegházban. Nem tudott vigyázni minden ügyre a házban, vagy megmérni a szívét és helyzetét a testvéreinek, akiket nem szeretett az apjuk. A különféle erőpróbák által olyan lett a szíve, hogy meg tudta figyelni a körülötte lévőket, és kezelni tudta a környezetét, valamint megtanulta, hogyan kell figyelembe venni mások szívét.

Isten kiszélesítette József szívét, hogy felkészítse arra az időre, amikor József lesz a miniszterelnök Egyiptomban. Ha véghez visszük azt, hogy ilyen legyen a szívünk, és kedves és ártatlan is lesz emellett, akkor arra is képesek leszünk, hogy egy nagy szervezetet vezessünk. Ez egy olyan erény, amellyel a vezetőnek rendelkeznie kell.

Áldások a kedveseknek

Milyen áldásokat kapnak azok, akik már megvalósították a tökéletes kedvességet azzal, hogy eltávolították a rosszat a szívükből, és ápolták a külső erényes nagylelkűséget? Amint látjuk a Máté 5,5-ben: *„Boldogok a szelídek: mert ők örökségül bírják a földet,"* és a 37,11 Zsoltárban: *„A szelidek pedig öröklik a földet, és gyönyörködnek nagy békességben,"* azaz: öröklik a földet. A föld itt a mennyei királyság lakóhelyét szimbolizálja, és a föld öröklése ezt jelenti: „élvezni a nagy hatalmat a mennyben, a jövőben."

Miért lenne nagy hatalmuk a mennyben? Egy kedves ember

megerősíti mások lelkét a mi Atyánk, az Isten szívével, és megmozgatja a szívüket. Minél szelídebb az ember, annál több lélek pihen meg benne, és jut el az üdvösség útjára általa. Ha nagy emberré válhatunk, akiben sokan megpihennek, az azt jelenti, már szolgáltunk másokat, nagymértékben. Mennyei hatalom jut azoknak, akik szolgáltak. Máté 23,11 azt mondja: *„Hanem a ki a nagyobb közöttetek, legyen a ti szolgátok."*

Ennek megfelelően, egy szelíd ember képes lesz élvezni a nagy hatalmat, és örökli a nagy és széles területet, mint a lakóhelyét, amikor eléri a mennyországot. Még ezen a földön is, akinek nagy hatalma, gazdagsága, híre és hatalma van, sok ember követi őt. De ha mindent elveszít, amit birtokolt, akkor elveszíti a hatalma legnagyobb részét, és sok ember, aki követte őt, el fogja hagyni. A szellemi hatalom, amely a kedves embert követi, más, mint ez a világ. Nem tűnik el, és nem változik meg. Ezen a földön, amint a lelke virágzik, sikeres lesz mindenben. Továbbá, a mennyben is nagyon szeretni fogja Isten őt, és örökre tisztelni fogja őt rengeteg lélek.

3. A szeretet nem féltékeny

A kiváló diák összegyűjti a jegyzeteket a kérdésekre, amelyeket korábban elmulasztott a vizsgákon. Megvizsgálja az okot, amiért nem válaszolt a kérdésekre helyesen, és megérti a témát alaposan, mielőtt továbbmegy. Azt mondják, ez a módszer nagyon hatékony abban, hogy a nehéz témákat rövidebb idő alatt megtanulja valaki. Ugyanez a módszer alkalmazható, amikor műveljük a lelki szeretetet. Ha megvizsgáljuk részletesen a tetteket és a szavakat, és eldobjuk a hiányosságokat egyenként, akkor meg tudjuk valósítani a lelki szeretetet, rövidebb idő alatt. Nézzük a meg következő jellemzőjét a lelki szeretetnek: „A szeretet nem féltékeny."

A féltékenység akkor jelentkezik, ha a féltékeny keserűség érzése és a boldogtalanság túl nagyra növekszik bennünk, és gonosz cselekedetet követünk el más személyek ellen. Ha féltékenység és irigység van a fejünkben, rossz érzéseink lesznek, amikor azt látjuk, hogy valaki mást elismernek, vagy előnyben részesítenek. Ha egy személyt tájékozottabbnak találunk, gazdagabbnak és illetékesebbnek, mint mi vagyunk, vagy ha az egyik munkatársunk sikeres lesz, és sok ember tetszését elnyeri, akkor irigységet fogunk érezni. Néha utáljuk ezt a személyt, és szeretnénk mindenféle szélhámosságot elkövetni vele, és eltaposni őt teljesen.

Másrészt mi is érezhetjük bátortalannak magunkat, ezt gondolva: „Ő annyira kedvelt mások által, de mi vagyok én? Semmi!" Más szavakkal, úgy érezzük, csüggedtek vagyunk, mert összehasonlítjuk magunkat másokkal. Amikor bátortalannak érezzük magunkat, azt gondolhatjuk, hogy ez nem féltékenység. De a szeretet örül az igazsággal. Más szavakkal, az igaz szeretet örül, ha egy másik személy virágzik. Ha bátortalanok vagyunk, és elmarasztaljuk magunkat, vagy nem örülünk az igazságnak, ez azért van, mert az egónk, vagy „saját magunk" még mindig aktív. Mivel a „saját magunk" még él, a büszkeségünk sérül, ha úgy érezzük, hogy kevesebbek vagyunk, mint mások.

Amikor az irigy elme növekszik, és gonosz szavak és tettek által a felszínre kerül, ez a féltékenység, amelyről ez a szeretet-fejezet beszél. Ha a féltékenység súlyos állapotot hoz létre, árthat, sőt meg is ölhet más embereket. A féltékenység a külső kinyilatkoztatása a gonosz és mocskos szívnek, és így nehéz azok számára, akik féltékenységet tárolnak a szívükben, hogy üdvösséget nyerjenek (Galata 5,19-21). Ez azért van, mert a féltékenység nyilvánvalóan a test munkája, ami bűn, amelyet láthatóan, kifelé követett el valaki. A féltékenység több féle lehet.

Féltékenység a romantikus kapcsolatokban

A féltékenység akkor van jelen a cselekedetekben, ha valaki egy kapcsolatban több szeretetet akar kapni, mint amit kap. Például Jákob két felesége, Lea és Ráchel, féltékenyek voltak egymásra, és mindketten azt akarták, hogy Jákob jobban kedvelje őket. Lea és Ráchel testvérek voltak, mindketten Lábán leányai, aki Jákob nagybátyja volt.

Jákobb azért vette feleségül Leát, mert a nagybátyja csalással rávette erre. Jákob valójában Lea húgát, Ráhelt szerette, és feleségül nyerte el őt tizennégy év szolgálati idő jutalmaként, amelyet a nagybátyjának teljesített. Kezdettől fogva Jákob Ráhelt jobban szerette, mint Leát. De Leának született négy gyermeke, míg Ráhel nem tudott gyereket szülni.

Abban az időben szégyenletes volt, ha egy nőnek nem voltak gyermekei, és Ráhel folyamatosan féltékeny volt a húgára, Leára. Annyira elvakította a féltékenység, hogy nehézségeket okozott a férje, Jákob számára is. *„Adj nékem gyermekeket, mert ha nem, meghalok"* (Genezis 30,1).

Ráhel és Lea mindketten odaadták a saját szobalányukat, hogy szolgálja Jákobot ágyasaként, tehát szeretkezzen vele. Ha csak egy kicsi igaz szeretet lett volna a szívükben, örültek volna, ha a másikat jobban kedvelte a férjük. A féltékenység mindhármukat – Leát, Ráhelt és Jákobot – boldogtalanná tette. Továbbá, befolyásolta a gyerekeket is.

Féltékenység a mások szerencsésebb helyzete miatt

Minden egyes ember életében a féltékenység mértéke különbözik, a különböző értékek szerint, amit az ember magáénak vall. De általában, ha a másik gazdagabb, tájékozottabb és kompetensebb, mint mi vagyunk, vagy amikor a másik embert jobban kedvelik és szeretik, mi is féltékenyek leszünk. Nem nehéz magunkat olyan helyzetekben találni, amikor féltékenységet érzünk az iskolában, a munkahelyen és otthon, az érzés miatt, hogy valaki más jobb, mint mi vagyunk. Amikor egy korunkbeli ember fejlődik, és gazdagabb lesz, mint mi vagyunk, utáljuk, és megrágalmazzuk őt. Azt gondolhatnánk, hogy le kell taposnunk másokat, hogy gazdagabbak és kedveltebbek legyünk, mint ők.

Például néhány ember felfedi mások hibáit és hiányosságait a munkahelyen, és azt okozza ezzel nekik, hogy a vezetők igazságtalanul meggyanúsítják őket, és ellenőrzik őket, mert azt szeretnék, hogy őket léptessék elő a cégnél. A fiatal diákok sem kivételek ez alól. Néhány diák zavar más diákokat, akik kimagaslóak a tudományos munkában, vagy verekednek azokkal a diákokkal, akiket kedvel a tanár. Otthon, a gyermekek megrágalmazzák és veszekednek a testvéreikkel, hogy szert tegyenek nagyobb elismerésre és támogatásra a szülők részéről. Mások azért teszik ugyanezt, mert többet akarnak örökölni a szülőktől.

Ez volt a helyzet Káinnal, az első gyilkossal az emberiség történelmében. Isten csak Ábel áldozatát fogadta el. Káin semmibe véve érezte magát, és, mivel a féltékenység egyre jobban égett benne, végül megölte a saját testvérét, Ábelt. Bizonyára hallott, többször is az áldozati állatok véréről a szüleitől, Ádámtól és Évától. *„És csaknem minden vérrel tisztíttatik meg a törvény szerint, és vérontás nélkül nincsen bűnbocsánat"* (Zsidókhoz 9,22).

Ennek ellenére, csak olyan áldozatot mutatott be, amelyet a földjéről kapott, ahol termesztett. Ezzel ellenkezőleg, Ábel az elsőszülött juhok által mutatott fel áldozatot, szívével követte Isten akaratát. Egyesek azt mondják, hogy nem volt nehéz, hogy Ábel egy bárányt áldozzon fel, hiszen pásztor volt, de ez nem így van. Megtanulta az Isten akaratát a szüleitől, és azt akarta, hogy kövesse az Ő akaratát. Emiatt Isten csak Ábel áldozatát fogadta el. Káin féltékeny lett a bátyjára, nemhogy megbánta volna a hibáját. Amint meggyulladt, az ő féltékenységének a lángját nem lehetett eloltani, és végül megölte testvérét, Ábelt. Mennyi fájdalmat okozhatott ez Ádámnak és Évának!

Féltékenység a hitbeli fivérek között

Egyes hívők féltékenyek egy másik testvérükre a hitben, aki előttük van a pozíció, hit, vagy a Istenhez fűződő hűség szempontjából. Ez a jelenség általában akkor történik, amikor a másik hasonló hozzájuk korban, pozícióban, hitben, az idő hosszában, amióta hívő lett, vagy ha jól ismerik a másik személyt. Ahogy Máté 19,30 fogalmaz: *„Sok elsők pedig lesznek utolsók, és sok utolsók elsők,"* néha azok, akik rövidebb ideje hisznek, mint mi, fiatalabbak, és a templomi tisztségük is magasabb, előttünk van. Ekkor előfordulhat, hogy erős féltékenységet érzünk ellenük. Ez a fajta féltékenység nem csak ugyanazon egyházon belül létezhet a hívők között. Jelen lehet lelkészek és gyülekezeti tagok, egyházak között, vagy akár a különböző keresztény szervezetek között is. Amikor valaki dicsőséget ad Istennek, mindenkinek örülni kell, együtt, de ehelyett inkább megrágalmaznak másokat, hogy eretnekek, hogy más személyek vagy szervezetek hírnevét csorbítsák. Mit szólnának a szülők, ha úgy érzik, hogy a gyerekek gyűlölik egymást, és veszekednek? Még ha a gyerekek jó ételeket és jó dolgokat kapnának is, nem lennének boldogok. És ha a hívők, akik azonos módon mind Isten gyermekei, harcolnak és veszekednek is egymás között, vagy ha van is féltékenység az egyházak között, az Urunk mélységesen gyászolni fog emiatt.

Saul féltékenysége Dávidra

Saul volt az első királya Izraelnek. Elpazarolta az életét, mert féltékeny volt Dávidra. Saulnak Dávid olyan volt, mint egy lovag fényes páncélban, aki megmentette az országot. Amikor a morál a katonák körében nagyon lent volt, mert Góliátot megfélemlítették a filiszteusok, Dávid rendkívüli módon megnövekedett, és leteperte a filiszteusok bajnokát egy puszta parittyával. Ez az egyetlen cselekedet hozott győzelmet Izraelnek. Azóta Dávid végre több, érdemleges feladatot végzett el az országot támadó filiszteusok ellen. A probléma Saul és Dávid között ezen a ponton keletkezett. Saul valami nagyon zavarót hallott a tömegben, amely Dávidot fogadta, aki visszatért egy győzelme után a csatatérről. Ez volt: *„Megverte Saul az ezerét és Dávid is az ő tízezerét"* (1 Sámuel 18,7).

Saul nagyon zavarban volt, és ezt gondolta: „Hogy hasonlíthatnak össze engem Dáviddal? Hisz ő csak egy pásztor!"

A haragja fokozódott, ahogy továbbgondolta a megjegyzést. Nem hitte, hogy igaza volt az embereknek, amikor Dávidot annyira dicsérték, és innentől kezdve Dávid cselekedetei gyanúsnak tűntek neki. Saul valószínűleg úgy gondolta, hogy Dávid olyan módon cselekszik, hogy megvásárolja az emberek szívét. Most Saul haragjának a nyila Dávidra mutatott. Azt gondolta: „Ha Dávid már elnyerte az emberek szívét, a lázadás csak idő kérdése!"

Ahogy a gondolatai egyre jobban eltúlzottak lettek, Saul kereste a lehetőséget, hogy megölje Dávidot. Egyszer Saul szenvedett a gonosz szellemek miatt, amelyek megszállták, és Dávid hárfázott neki. Saul megragadta a lehetőséget, és elhajította a lándzsáját az irányában. Szerencsére David kitért, és megszabadult. De Saul nem adta fel az erőfeszítését, hogy megölje Dávidot. Kergette Dávidot a seregével, folyamatosan.

Mindezek ellenére Dávidban nem volt vágy, hogy megsértse Sault, mert a királyt már felkente az Isten, és a király, Saul, tudta ezt. De a láng, amelyet Saul féltékenysége gyújtott, nem hűlt le. Saul folyamatosan szenvedett a féltékenységéből származó zavaró gondolatoktól. Amíg meg nem halt egy csatában a filiszteusok ellen, Saulnak nem volt nyugovása a féltékenysége miatt, amelyet Dávid iránt érzett.

Azok, akik féltékenyek voltak Mózesre

A Számok 16-ban olvashatunk Kóréról, Dáthánról és Abirámról. Kóré lévita volt, Dáthán és Abirám a Rúben törzsből származtak. Haragudtak Mózesre és a testvérére, Áronra, aki az ő segítője volt. Bosszantotta őket a tény, hogy Mózes volt Egyiptom hercege, és most ő volt az uralkodó fölöttük, bár egykor szökésben volt, és pásztorkodott Midiánban. Másrészről, ők maguk akartak vezetők lenni. Kapcsolatot teremtettek az emberekkel, hogy ily módon a csoportba tartozzanak.

Kóré, Dáthán és Abirám összegyűjtött kétszázötven embert, hogy kövessék őket, és úgy gondolták, hogy meg fogják kapni a hatalmat. Elmentek Mózeshez és Áronhoz, és vitatkoztak velük. Azt mondták: *"És gyülekezének Mózes ellen és Áron ellen, és mondának nékik: Sokat tulajdonítotok magatoknak, holott az egész gyülekezet, ezek mindnyájan szentek, és közöttük van az Úr: miért emelitek azért fel magatokat az Úr gyülekezete fölé?"*

(4 Mózes 16,3).

Annak ellenére, hogy gátlások nélkül szembehelyezkedtek vele, Mózes nem szólt vissza nekik. Csak letérdelt Isten előtt, hogy imádkozzon, és megpróbálta tudtukra adni a hibáikat, és könyörgött Istenhez az Ő ítéletéért. Abban az időben Isten haragja felkelt Kóré, Abirám és Dáthán, valamint a velük tartók ellen. A föld szája kinyílt, és Kóré, Dáthán és Abirám, valamint a feleségeik és a gyermekeik mind leszálltak elevenen a Sheolba. Tűz jött elő az Úrtól, és megemésztette azt a kétszázötven férfiút, akik felajánlották a tömjént.

Mózes nem okozott kárt az embereknek (Számok 16,15). Csak mindent megtett, ami tőle telhető volt, hogy vezesse az embereket. Bebizonyította, hogy Isten velük volt időről időre, a jelek és a csodák által. Megmutatta nekik a tíz csapást Egyiptomban, megengedte, hogy átmenjenek a Vörös-tengeren, a szárazföldön úgy, hogy kettéválasztotta azt, vizet fakasztott nekik a sziklából, és hagyta, hogy mannát és fürjeket egyenek a pusztában. Még akkor is rágalmazták őt, és ellenálltak Mózesnek, mondván, hogy felemelte magát.

Isten azt is hagyta, hogy az emberek lássák, milyen nagy bűn volt, hogy féltékenyek voltak Mózesre. Elítélni egy embert, akit Isten támogat, ugyanazt jelenti, mintha magát Istent bírálnánk. Ezért nem szabad meggondolatlanul kritizálnunk az egyházakat és szervezeteket, amelyek az Úr nevében működnek, azt mondva, hogy tévednek, vagy eretnekek. Mivel mindannyian testvérek vagyunk Istenben, a köztünk lévő féltékenység egy nagy bűn Isten előtt.

Az értelmetlen dolgok miatti féltékenység

El tudjuk érni, amit akarunk, csak azzal, hogy féltékenyek vagyunk? Egyáltalán nem! Lehet, hogy más embereket nehéz helyzetbe tehetünk, és úgy tűnhet, hogy előttük járunk, de valójában nem tudunk megszerezni mindent, amit akarunk. Jakab 4,2 azt mondja: *„Kívántok [valamit,] és nincs néktek: gyilkoltok és irígykedtek, és nem nyerhetitek meg; harczoltok és háborúskodtok; és nincsen semmitek, mert nem kéritek."*

A féltékenység helyett, inkább gondolkodj el azon, ami a Jób 4,8-ban van: *„A mint én láttam, a kik hamisságot szántanak és gonoszságot vetnek, ugyanazt aratnak."* Ha gonoszat cselekszünk, mint a bumeráng, visszajön hozzánk.

Megtorlásként a gonoszért, amit vetettél, lehet, hogy szembe kell nézned katasztrófákkal a családban vagy a munkahelyen. Ahogy a Példabeszédek 14,30 mondja: *„A szelíd szív a testnek élete; az irígység pedig a csontoknak rothadása,"* A féltékenység eredménye csak az önmaga okozta kár, és így teljesen értelmetlen. Ezért, ha szeretnéd, hogy mások előtt járj, kérned kell Istent, aki mindent irányít, ahelyett, hogy az energiáidat a féltékenységre pazarolod.

Természetesen nem kaphatsz meg mindent, amit kérsz. Jakab 4,3-ban ezt találjuk: *„Kéritek, de nem kapjátok, mert nem jól kéritek, hogy gerjedelmeitekre költsétek azt."* Ha azért kérünk valamit, mert az örömünket akarjuk növelni, akkor nem kapjuk meg, mert az nem az Isten akarata. A legtöbb esetben az emberek csak azért kérnek, mert a vágyukat követik. Gazdagságot, hírnevet és hatalmat akarnak, a saját kényelmük és büszkeségük miatt. Ez elszomorít engem a szolgálatom során. A valódi és igazi áldás nem a gazdagság, hírnév, és a hatalom, hanem az ember lelkének jóléte.

Nem számít, hány dolog van, amit élvezel, mi hasznod belőle, ha nem kapsz üdvösséget? Amit meg kell jegyeznünk az, hogy minden dolog a földről úgy eltűnik, mint a köd. Az 1 János 2,17 azt mondja: "*És a világ elmúlik, és annak kívánsága is; de a ki az Isten akaratát cselekszi, megmarad örökké,*" és a Prédikátorok 12,8 ezt mondja: "*Hiúságok hiúsága, mondja a prédikátor, minden hiúság."*

Remélem, nem leszel féltékeny a testvéreidre úgy, hogy kapaszkodsz az értelmetlen dolgokba a világon, hanem olyan szíved lesz, amely igaz Isten előtt. Ily módon Isten megválaszolja a szíved vágyait, és megadja neked a mennyek országát.

Féltékenység és lelki vágy

Az emberek hisznek Istenben, és mégis féltékenyek lesznek, mert kevés a hit és a szeretet bennük. Ha nincs benned Isten iránti szeretet, és nem bízol a mennyek országában, akkor féltékennyé válhatsz, hogy szert tehess gazdagságra, hírnévre és hatalomra ezen a világon. Ha teljes bizonyosságod van az Isten gyermekeinek a jogait és az égi állampolgárságukat tekintve, a testvéreid a Krisztusban sokkal értékesebbek lesznek számodra, mint a világi családod. Ez azért van, mert úgy gondolod, hogy velük fogsz élni örökké, a mennyben.

Még a hitetlenek is, akik nem fogadták el Jézus Krisztust, értékesek, és ők azok, akiket el kell vezetnünk a mennyei királyságba. Ezzel a hittel – hiszen ez műveli az igaz szeretetet bennünk – szeretni fogjuk a szomszédainkat, mint önmagunkat.

Aztán, ha másokat jómódúnak látunk, olyan boldogok leszünk, mintha mi magunk lennénk a gazdagok. Azok, akiknek igaz hitük van, nem törekszenek az értelmetlen dolgokra a világon, hanem megpróbálják szorgalmasan elvégezni a Úr munkáit annak érdekében, hogy a mennyei királyságot erővel bevegyék. Azaz, lelki vágyaik lesznek.

A Keresztelő János idejétől fogva pedig mind mostanig erőszakoskodnak a mennyek országáért, és az erőszakoskodók ragadják el azt (Máté 11,12).

A spirituális vágy természetesen eltér a féltékenységtől. Fontos, hogy meglegyen a vágyunk, hogy lelkesek és hűségesek legyünk az Úr munkájában. De ha ez a szenvedély túlmegy egy határon, és eltávolodik az igazságtól, vagy ha másokat megbotlaszt, nem elfogadható. Miközben buzgón munkálkodunk az Úrnak, meg kell figyelni az emberek igényeit körülöttünk, keresni kell a hasznukat, és békében kell lenni mindenkivel.

4. A szeretet nem kérkedik

Vannak emberek, akik mindig dicsekednek magukkal. Nem törődnek azzal, hogy mások mit érezhetnek, amikor ő dicsekszik. Fitogtatni akarják, amijük van, miközben mások elismerését várják. József kérkedett az álmával, amit akkor látott, amikor fiatal fiú volt. Ez azt okozta, hogy a testvérei utálni kezdték. Mivel az apja különleges módon szerette őt, nem igazán értette a testvérei szívét. Később eladták rabszolgának Egyiptomba, és sok erőpróbán ment végig, hogy művelje a lelki szeretetet. Mielőtt az emberek művelik a lelki szeretetet, lehet, hogy megtörik a békét azzal, hogy büszkélkednek és felmagasztalják magukat. Ezért Isten azt mondja: „A szeretet nem kérkedik."

Egyszerűen fogalmazva, a dicsekedés az, hogy valaki mutogatja és fitogtatja magát. Az emberek általában szeretnék, ha elismernék őket, ha van valamijük, ami más, mint másoké. Mi lenne a hatása az ilyen kérkedésnek?

Például néhány szülő nagyképű és kérkedő a gyermeke tanulmányaival kapcsolatban. Más szülők lehet, hogy velük örülnek, de a legtöbbjük büszkeségét és érzéseit sérti ez. Lehet, hogy a gyermeküket megszidják, ok nélkül. Nem számít, mennyire jó a gyereked a tanulásban, ha van benned egy kis jóság, tekintettel leszel mások érzéseire, és nem dicsekszel a gyermekeddel ily módon. Ahelyett, azon leszel, hogy a szomszéd gyereke is jól tanuljon, és ha így van, akkor örömmel bókolsz neki.

Azok, akik nagyképűek, általában nem hajlandóak elismerni és elismerésüket kifejezni mások jó munkájával kapcsolatban. Így vagy úgy, másokat lefokoznak, mert azt hiszik, hogy amennyiben másokat elismernek, ők maguk homályba burkolózhatnak ettől. Ez csak egy módja annak, hogy a kérkedés gondot okozzon. Ha így viselkednek, azt jelenti, hogy a kérkedő szívük távol van az igaz szeretettől. Lehet, úgy gondolod, hogy ha kérkedsz, el fognak ismerni, de ez csak megnehezíti, hogy megkapd az őszinte tiszteletet és a szeretetet másoktól. Ahelyett, hogy a körülötted lévő emberek irigyelnének téged, megvetést és féltékenységet fog okozni neked. „Minden ilyen dicsekedés gonosz" (Jakab 4,16).

A dicsekvő büszkeség a túlzott világi szeretetből fakad

Miért dicsekednek az emberek magukkal? Azért, mert a világi kérkedő büszkeség bennük van. A világi nagyképű büszkesége erre utal: „fitogtatni magunkat a világi örömök szerint." Ez a világi szeretetből származik. Az emberek általában büszkélkednek azokkal a dolgokkal, amelyek fontosak számukra. Azok, akik szeretik a pénzt, dicsekednek a pénzzel, és azok, akik úgy vélik, a külső megjelenés fontos, ezzel büszkélkednek. Nevezetesen, a pénzt, a külső megjelenést, a hírnevet vagy a társadalmi hatalmat Isten elé helyezik.

Az egyik egyháztagunk sikeres üzlettel bírt, ugyanis számítógépeket értékesített üzleti konglomerátumoknak Koreában. Azt akarta, hogy a vállalkozása növekedjen. Különböző típusú hiteleket vett fel, és befektetett egy internetkávézóba és internetes műsorközvetítő cégbe. Megalapított egy céget, amelynek az induló tőkéje két milliárd won volt, ami körülbelül két millió amerikai dollárnak felel meg.

De a forgalom lassú volt, és a veszteség egyre nőtt, míg végül a cég csődbe ment. A házát árverésen eladták, és a hitelezői a nyomában voltak. Kis házakban kellett élnie, az alagsorban vagy a tetőn. Elkezdett visszatekinteni az életére. Rájött, hogy benne volt a vágy, hogy dicsekedjen a sikerével, és a kapzsiság a pénz iránt. Rájött, hogy igencsak megnehezítette az emberek életét saját maga körül, mert a saját képességén túl próbálta meg bővíteni az üzletét.

Amikor megbánta Isten előtt alaposan és teljes szívéből a bűnét, és eldobta a kapzsiságot magától, boldog volt, még akkor is, amikor a munkája a szennyvíz vezetékek és a víztisztító tartályok tisztítása volt. Isten látta a helyzetet, és megmutatta neki a módját, hogyan indítson el egy új vállalkozást. Most, mivel a helyes utat választja mindig, az üzlete virágzik.

Az 1 János 2,15-16 ezt tartalmazza: *„Ne szeressétek a világot, se azokat, a mik a világban vannak. Ha valaki a világot szereti, nincs meg abban az Atya szeretete. Mert mindaz, a mi a világban van, a test kívánsága, és a szemek kívánsága, és az élet kérkedése nem az Atyától van, hanem a világból."*

Ezékiás, aki a déli Júda tizenharmadik királya volt, egyenesnek számított az Isten szemében, és megtisztította a Templomot. Asszíria invázióját imádsággal élte túl. Amikor megbetegedett, imádkozott, könnyek között, és tizenöt évvel meghosszabbították az életét. De még mindig tele volt világi kérkedő büszkeséggel. Miután felgyógyult a betegségéből, Babylon elküldte a diplomatáit.

Ezékiás nagyon boldog volt, hogy fogadhatta őket, és megmutatta nekik minden kincsét, az ezüstöt és az aranyat, a fűszereket és a drága olajat, az egész fegyvertárát, és mindent, amit a kincstárában találtak. A kérkedése miatt, Júda déli részét megszállták a babiloniak, és minden kincsét elvették (Ézsaiás 39,1-6). A kérkedés a világi szeretetből származik, és azt jelenti, hogy a szóban forgó személy nem szereti az Istent eléggé. Ezért, hogy ápoljuk az igazi szeretetet, le kell mondanunk a kérkedő büszkeségről, a szívünk mélyéről.

Dicsekedni az Úrban

Van egy fajta büszkeség, ami jó. Dicsekedni az Úrban, mint a 2 Korinthus 10,17 tartalmazza: *„A ki pedig dicsekszik, az Úrban dicsekedjék."* Dicsekedni az Úrban azt jelenti, hogy dicsőséget adunk az Istennek, és így minél több van belőle, annál jobb. Egy jó példa az ilyen büszkélkedésre a „vallomástétel."

Pál ezt mondta a Galateák 6,14-ben: *„Nékem pedig ne legyen másban dicsekedésem, hanem a mi Urunk Jézus Krisztus keresztjében, a ki által nékem megfeszíttetett a világ, és én is a világnak."*

Mint mondta, dicsekszünk Jézus Krisztussal, aki megmentett minket, és nekünk adta a mennyei királyságot. Örök halál várt volna ránk a bűneink miatt, de hála Jézusnak, aki megfizetett a bűneinkért a kereszten, örök életet nyertünk. Mennyire hálásnak kell lennünk!

Ezért Pál apostol dicsekedett a gyengeségével. A 2 Korinthusiak 12,9 azt mondja: *„És ezt mondá nékem: Elég néked az én kegyelmem; mert az én erőm erőtlenség által végeztetik el. Nagy örömest dicsekeszem azért az én erőtelenségeimmel, hogy a Krisztus ereje lakozzék én bennem."*

Pál sok jelet és csodát megvalósított, és az emberek hozzá hozták a zsebkendőket vagy kötényeket, hogy megérintse őket, majd ezeket a betegekhez vitték, akik meggyógyultak. Három missziós utat tett meg, ahol sok embert elvezetett az Úrhoz, és sok templomot alapított, sok városban. De ő azt mondta, hogy nem ő volt az, aki mindezt megtette. Azzal dicsekedett, hogy ez az Isten kegyelme volt, és az Úr hatalma, amely lehetővé tette neki, hogy mindezt megtegye.

Ma sokan tanúvallomást tesznek arról, hogy megtapasztalták az élő Istent a mindennapi életükben. Az Isten szeretetét mutatják, mondván, hogy meggyógyultak a betegségekből, pénzügyi áldást, családi békét kaptak, amikor Istent komolyan keresték, és megmutatták az Iránta érzett szeretetük cselekedeteit.

Amint látjuk a Példabeszédek 8,17-ben: *„Én az engem szeretőket szeretem, és a kik engem szorgalmasan keresnek, megtalálnak,"* nagyon hálásak, hogy megtapasztalták Isten nagy szeretetét, és nagy hitük lett, ami azt jelenti, hogy lelki áldásokat kaptak. Amikor büszkélkedünk az Úrral, dicsőséget adunk Istennek, és hitet és életet öntünk az emberek szívébe. Ennek során eltároljuk a jutalmakat a mennyben, és a szívünk vágyát hamarabb megválaszolják.

De óvatosnak kell lennünk egy dologgal kapcsolatban. Vannak, akik azt mondják, hogy dicsőséget adtak az Istennek, de valójában megpróbálják felfedni mások előtt azt, hogy mit tettek. Közvetett módon azt sugallják, hogy képesek voltak áldásokat kapni, a saját erőfeszítéseik miatt. Úgy tűnik, hogy dicsőséget adnak Istennek, de valójában saját magukat fényezik. A Sátán megvádolja az ilyen embereket. Végül is, az eredmény, amiért büszkélkedtek magukkal, látható lesz. Lehet, hogy különböző tesztek és erőpróbák jönnek az életükbe, vagy ha senki sem ismeri el őket, eltérnek Istentől.

A Rómaiak 15,2 ezt tartalmazza: *"Mindenikünk tudniillik az ő felebarátjának kedveskedjék annak javára, épülésére."* Mint látjuk, mindig a felebarátaink épülésére kell tennünk, és hitet és életet kell plántálnunk beléjük. Ahogy a víz megtisztul, ha átmegy a szűrőn, nekünk is szűrnünk kell a szavakat, mielőtt beszélünk, gondolkodni azon, hogy szavaink építik, vagy sértik az érzéseit azoknak, akik hallgatnak bennünket.

A világi büszkeség eldobása

Annak ellenére, hogy oly sok mindent fel tud sok ember mutatni, senki sem él örökké. Miután ez az élet a földön véget ér, mindenki megy, akár a mennybe, akár a pokolba. A mennyországban még az utak is aranyból vannak, és a gazdagságot nem lehet összehasonlítani a világi gazdagsággal. Ez azt jelenti, hogy ezen a világon a dicsekvés annyira értelmetlen. Továbbá, még ha oly sok gazdagsága, tudása és hatalma is van valakinek, dicsekedhet velük, ha a pokolba megy?

Jézus ezt mondta: *"Mert mit használ az embernek, ha az egész világot megnyeri is, de az ő lelkében kárt vall? Avagy micsoda váltságot adhat az ember az ő lelkéért? Mert az embernek Fia eljő az ő Atyjának dicsőségében, az ő angyalaival; és akkor megfizet mindenkinek az ő cselekedete szerint"* (Máté 16,26-27).

A világi büszkélkedés soha nem ad örök életet, vagy elégedettséget. Sokkal inkább okot ad az értelmetlen vágyaknak, amelyek a pusztulásba vezetnek minket. Ha észrevesszük ezt a tényt, és kitöltjük a szívünket reménnyel, akkor megkapjuk az erőt, hogy elvessük magunktól a világi kérkedést. Ez olyan, mint egy gyermek, aki könnyen eldobja a régi játékát, amikor kap egy teljesen új játékot. Mivel ismerjük a ragyogó szépségét a mennyei királyságnak, nem ragaszkodunk vagy küzdünk a dolgokért ezen a világon.

Amint elvetjük a kérkedő büszkeséget, csak Jézus Krisztussal fogunk dicsekedni. Nem fogunk ezen a világon érdemes dolgot találni kérkedésre, hanem büszkék leszünk a dicsőségre, amelyet élvezni fogunk örökké, a mennyek országában. Tele leszünk olyan örömmel, amelyet még nem ismertünk. Még ha esetleg szembe is nézünk néhány nehéz pillanattal az életünk során, akkor sem érezzük majd azt, hogy nagyon nehéz. Csak megköszönjük a szeretetet, amit az Isten adott, aki az egyszülött Fiát, Jézust elküldte nekünk, hogy megmentsen minket, és így tele leszünk örömmel, minden körülmény között. Ha nem keressük a kérkedő büszkeséget az életben, akkor nem érezzük annyira emelkedetten magunkat, amikor megdicsérnek bennünket, és nem válunk csüggedtté, ha elítélnek bennünket. Csak alázatosan ellenőrizzük magunkat, amikor megdicsértek bennünket, és hálát adunk, amikor megdorgáltak bennünket, és próbáljuk megváltoztatni magunkat.

5. A szeretet nem arrogáns

Azok, akik dicsekednek magukkal, könnyen úgy érezhetik, hogy jobbak, mint mások, és arrogánsak lesznek. Ha minden jól megy velük, azt hiszik, hogy azért van, mert jó munkát végeztek, és önteltek vagy lusták lesznek. A Biblia azt mondja, az egyik gonosz dolog, amelyet Isten a legjobban gyűlöl, az arrogancia. Az arrogancia volt a fő oka annak, hogy az emberek megépítették a Bábel-tornyot, hogy versenyezzenek Istennel, mely esemény után Isten különválasztotta a nyelveket.

Az arrogáns emberek jellemzői

Egy arrogáns személy véleménye az másokról, hogy nem jobbak, mint ő maga, és megveti őket vagy figyelmen kívül hagyja őket. Az ilyen ember úgy érzi, jobb minden területen másoknál. Magát a legjobbnak tartja. Megvet, lenéz másokat, és megpróbál kioktatni mindenkit. Rögtön arrogáns lesz azokkal, akik úgy tűnik, kevesebbek, mint ő. A túlzott arroganciája miatt, nem veszi figyelembe azokat, akik tanították és vezették őt, és azokat, akik felette állnak a pozíciójukat vagy az üzleti vagy társadalmi hierarchiájukat tekintve. Nem hajlandó meghallgatni a tanácsokat és a megrovást, amit a feletteseitől kap. Panaszkodni fog, ezt gondolva: „A főnök azért mondja ezt, mert fogalma sincs, miről van szó," vagy azt mondja: „Tudom, hogy mindent tudok, és nagyon jól meg tudok oldani mindent."

Az ilyen ember miatt sok veszekedések és vita történik. A

Példabeszédek 13,10 azt mondja: *"Csak háborúság lesz a kevélységből: azoknál pedig, a kik a tanácsot beveszik, bölcseség van."*

A 2 Timóteus 2,23 ezt tartalmazza: *"A botor és gyermekes vitatkozásokat pedig kerüld, tudván, hogy azok háborúságokat szülnek."* Ezért is olyan ostoba és helytelen azt gondolni, hogy egyedül neked van igazad.

Minden embernek különböző a lelkiismerete, és különböző ismeretekkel bír. Ez azért van, mert minden ember más abban, amit látott, hallott, tapasztalt, és megtanítottak neki. De a tudás jelentős része helytelen, és egy része nem megfelelően volt tárolva. Ha ez a tudás már megszilárdult bennünk hosszú ideje, saját igazságunkká és keretünkké alakult már. A dölyfösség az, amikor azt állítjuk, hogy csak a saját véleményünk igaz, és amikor megkeményedik bennünk, a gondolkodásunk keretévé válik. Vannak, akik a kereteiket a saját személyiségükkel, vagy a tudásukkal alakítják ki, amijük van.

A keret olyan, mint a csontváz egy emberi testben. Ez képezi minden ember alakját, és nehéz megtörni. A legtöbb ember gondolatai a saját igazságai és keretei által meghatározottak. Az a személy, aki egyfajta kisebbrendűségi érzésben szenved, igen érzékenyen reagál, ha mások az ujjukkal rámutatnak, megmutatva a hibáját. Vagy, ahogy a mondás tartja, ha egy gazdag ember a ruháit felújítja, az emberek azt hiszik, hogy henceg, és büszkélkedik a ruháival. Ha valaki nehéz szókincset használ, az emberek azt hiszik, büszkélkedik a tudásával, és lenézi őket.

Azt tanultam az általános iskolai tanáromtól, hogy a Szabadság-szobor San Francisco-ban van. Élénken emlékszem, hogy megmutatta a képen, és az Egyesült Államok térképén. A korai 90-es években, az Egyesült Államokba mentem, ahol egy egyesült újjáéledés-találkozót vezettem. Ekkor tanultam meg, hogy a Szabadság-szobor valójában New York City-ben található. Számomra a szobor San Francisco-ban kellett volna, hogy legyen, úgyhogy nem értettem, hogy miért volt New York City-ben. Megkérdeztem az embereket körülöttem, és azt mondták, hogy valóban New Yorkban van. Rájöttem, hogy a tudás, amiben hittem, valójában nem helytálló. Abban a pillanatban, arra is gondoltam, hogy amiről azt hiszem, igaz, lehet, hogy tévedtem, mert valójában hamis. Sokan hisznek, és ragaszkodnak azokhoz a dolgokhoz, amelyek nem helyesek.

Akkor is, ha nincs igazuk, azok, akik arrogánsak, nem fogják bevallani, hanem folyamatosan ragaszkodnak a véleményükhöz, és ez veszekedésekhez vezet. Azonban azok, akik alázatosak, nem veszekednek, ha a másiknak nincs igaza. Annak ellenére, hogy száz százalékban biztosak, hogy igazuk van, még mindig úgy gondolják, hogy lehet, hogy tévednek, mert nincs szándékukban nyerni mások ellen a vitában.

Egy alázatos szívben van lelki szeretet, amely figyelembe vesz másokat, jobban, mint saját magát. Akkor is, ha mások kevésbé szerencsések, kevésbé iskolázottak, vagy kevesebb társadalmi hatalommal bírnak, alázatos elmével azt fogja hinni, hogy mások jobbak, mint ő. Azt tartja, minden lélek nagyon értékes, mert méltó volt arra, hogy Jézus a vérét ontsa.

Testi gőg és spirituális gőg

Ha valaki a külvilág felé ilyen tevékenységeket mutat, amelyekkel saját magát fitogtatja, és lenéz másokat, könnyen rájöhet az arroganciájára. Ahogy elfogadjuk az Urat, és megismerjük az igazságot, ezek a tulajdonságok, melyek a testi arrogancia által jöttek létre, könnyen levetkőzhetőek. Éppen ellenkezőleg, nem könnyű megvalósítani azt, hogy a spirituális arroganciát levetkőzzük. Mi tehát a szellemi arrogancia?

Ha istentiszteletre jársz, jelentős ideig, eltárolod Isten Igéjét magadban. Az is lehet, hogy címeket és pozíciókat nyersz el az egyházban, vagy megválasztanak, mint vezetőt. Ekkor úgy érezheted, hogy már jól ismered Isten Igéjét a szívedben, és ezt gondolod: „Annyi mindent tudok. Igazam kell hogy legyen a legtöbb dologban!" Lehet, hogy megdorgálsz és elítélsz másokat Isten Igéjével, amelyet eltároltál tudásként magadban, azt gondolva, hogy csak különbséget teszel a jó és a rossz között, az igazság szerint. Egyes egyházi vezetők csak a saját előnyeiket követik, és megszegik a szabályokat és rendeleteket, amelyeket be kellene tartaniuk. Határozottan sértik az egyházi rendeleteket, de azt gondolják: „Számomra ez rendben van, mert ebben a helyzetben vagyok. Kivétel vagyok." Az ilyen elrugaszkodott gondolkodás szellemi arrogancia.

The truth teaches us to look at, listen to and talk about only good things of others. Ha megvalljuk Isten iránti szeretetünket, miközben figyelmen kívül hagyjuk a jogot és a rendet, melyet Isten kér, miközben elrugaszkodunk mindentől, a vallomásunk nem lehet igaz. Ha elítélünk másokat, nem tekinthető igaz szeretetnek, amit mutatunk. Az igazság arra tanít bennünket, hogy másoknak csak a jó dolgait hallgassuk meg, nézzük meg, és beszéljünk róla.

Ne szóljátok meg egymást atyámfiai. A ki megszólja atyjafiát, és a ki kárhoztatja atyjafiát, az a törvény ellen szól, és a törvényt kárhoztatja. Ha pedig a törvényt kárhoztatod, nem megtartója, hanem bírája vagy a törvénynek (Jakab 4,11).

Hogy érzed magad, ha megtalálod mások gyengeségeit?

Jack Kornfield, A megbocsátás, kedvesség és a béke című könyvében arról ír, hogy egy másik módon is lehet bánni az ügyetlen cselekedetekkel.

„A Babemba törzsben Dél-Afrikában, ha valaki felelőtlenül cselekszik, vagy igazságtalanul, a község központjába teszik, egyedül, szabadon. Minden munka megszűnik, és minden férfi, nő és gyermek a faluban egy nagy kört alkot a megvádolt egyén körül. Ezután minden egyes személy a törzsből beszél a vádlottal, emlékeztetve a jó dolgokra, amelyeket a kör közepén álló ember tett az életében. Minden eset, minden tapasztalat, amely előhívható, bármilyen részletekkel és pontossággal, elmesélésre kerül. Minden pozitív tulajdonsága, jó cselekedete, erőssége és kedvessége is felszínre kerül, gondosan és hosszasan. Ez a törzsi szertartás gyakran több napig tart. A végén, a törzsi kör megszakad, egy vidám ünnepség zajlik, és a személyt szimbolikusan és szó szerint visszafogadja a törzs."

E folyamat révén azok a személyek, akik rosszat cselekedtek, visszaszerzik az önbecsülésüket, és elhatározzák, hogy hozzájárulnak a törzs életéhez. Hála az ilyen egyedi elbánásnak, azt mondják, bűncselekmények alig fordul elő a társadalmukban.

Amikor látjuk mások hibáit, akkor elgondolkodhatunk azon, hogy vajon megítéljük és elítéljük őket először, vagy az irgalmas és szánalmas szívünk nyilvánul meg először. Ezzel a tettel megvizsgálhatjuk, hogy mennyire műveltük az alázatot és a szeretetet. Amikor magunkat folyamatosan ellenőrizzük, nem szabad megelégednünk azzal, amit már elértünk, csak azért, mert már hosszú ideje hiszünk.

Mielőtt valaki teljesen megszentelt lesz, a természete megengedi, hogy az arroganciája megnövekedjen. Ezért nagyon fontos, hogy kihúzzuk az arrogancia természetének még a gyökereit is. Lehet, hogy újra kijön, bármelyik pillanatban, hacsak nem húzzuk ki teljesen a buzgó imánkkal. Ez olyan, mintha csak a gaz gyökerét szednénk ki, ami aztán folyamatosan visszanő, kivéve, ha teljesen kiszedjük a gyökeret. Ugyanis, ha a bűnös természetet nem távolítjuk el teljesen a szívünkből, az arrogancia beköltözik az agyunkba újra, ahogy ismét a hitben éljük az életünket. Ezért kell mindig alázatosnak maradnunk, mint a gyermekek az Úr előtt, úgy gondolva, hogy mások jobbak, mint mi magunk, és folyamatosan arra törekedve, hogy ápoljuk lelki szeretetet.

Az arrogáns emberek magukban hisznek

Nabukodonozor megnyitotta az aranykort Nagy Babilonban. Az ókori csodák egyike, a Függőkert, az idejében épült. Büszke volt arra, hogy a királyság és a nagy létesítmények, mind az ő idejében valósultak meg. Készíttetett egy szobrot magáról, és rávette az embereket, hogy imádják azt. Dániel 4,30 azt mondja: *„Szóla a király és mondá: 'Nem ez-é ama nagy Babilon, a melyet én építettem királyság házának, az én hatalmasságom ereje által és dicsőségem tisztességére?'"*

Isten végül megérttette vele, ki ténylegesen a világ ura (Dániel 4,31-32). Kivezették a palotából, legelt a füvön, mint a tehenek, és úgy élt, mint egy vadállat a pusztában, hét évig. Mi volt az értelme a trónjának abban a pillanatban? Nem tudunk elnyerni semmit, ha Isten nem engedi meg. Nabukodonozor visszatért egy normális lelkiállapotba hét év után. Rájött az arroganciájára, és elismerte Istent. Dániel 4,37 így szól: *„Most [azért] én, Nabukodonozor, dicsérem, magasztalom és dicsőítem a mennyei királyt: mert minden cselekedete igazság, és az ő utai ítélet, és azokat, a kik kevélységben járnak, megalázhatja."*

Ez a történet nem csak Nabukodonozorról szól. Vannak olyan hitetlenek a világon, akik azt mondják: „Én hiszek magamban." De a világot nem könnyű legyőzniük. Sok probléma van a világon, amit nem lehet megoldani emberi képességekkel. Még a legjobb élvonalbeli tudományos ismeretek és a technológia sem használ semmit a természeti csapások előtt, beleértve a tájfunokat és a földrengéseket, és egyéb váratlan katasztrófákat.

És hányfajta betegség nem gyógyítható, még a modern gyógyszerekkel sem? Sokan támaszkodnak saját magukra Isten helyett, amikor találkoznak a különböző problémákkal az életük során. A gondolataikra, tapasztalataikra és tudásukra hivatkoznak. Azonban, ha nem sikeresek, és még mindig szemben találják magukat a problémákkal, akkor morognak Isten ellen, annak ellenére, hogy nem hisznek Istenben. Ez azért van, mert arrogancia lakozik a szívükben. Az arroganciájuk miatt nem vallják be a gyengeségüket, és nem ismerik fel Istent alázattal.

Ami még szánalmasabb az, hogy egyes Istenhívők a világra támaszkodnak, és saját magukra Isten helyett. Isten azt akarja, hogy a Gyermekei boldoguljanak, és az Ő segítségével éljenek. Azonban, ha nem vagy hajlandó megalázni magadat Isten előtt az arroganciád miatt, Isten nem tud segíteni rajtad. Ezért nem lehetsz védett az ellenséges ördögtől, és nem leszel gazdag semmiben. Ahogy Isten mondja a Példabeszédek 18,12-ben: *„A megromlás előtt felfuvalkodik az ember elméje; a tisztesség előtt pedig alázatosság van,"* az ok, ami miatt kudarcok és pusztítás követ nem más, mint az arrogancia.

Isten az arrogáns embert ostobának tartja. Összehasonlítva Istennel, aki a Mennyországban trónt készít, és egy zsámolyt a földön, milyen kicsi az ember jelenléte? Minden embert az Isten képmására teremtett Ő, és mind egyenlőek vagyunk, mint Isten gyermekei, függetlenül attól, hogy magas vagy alacsony helyzetben vagyunk az életben. Nem számít, hány dologra lehetünk büszkék a világon, az élet ezen a világon csak egy pillanat. Amikor ez a rövid élet véget ér, mindenkit meg fognak ítélni Isten előtt. Mindannyiunkat felmagasztalnak a mennyben aszerint, amit tettünk alázattal ezen a földön. Ez azért van, mert az Úr felemel minket, ahogy Jakab 4,10 mondja: *„Alázzátok meg magatokat az Úr előtt, és felmagasztal titeket."*

Ha a víz megmarad egy kis tócsában, romlott vízzé válik, és a férgek megtöltik. De ha a víz szüntelenül lefelé folyik, előbb-utóbb eléri a tengert, és életet ad a sok élő dolognak. Ugyanígy, hadd alázkodjunk meg mi is, hogy nagyok legyünk az Isten szemében.

A lelki szeretet jellemzői I	1. Türelmes
	2. Kedves
	3. Nem féltékeny
	4. Nem dicsekszik
	5. Nem arrogáns

6. A szerelem nem cselekszik illetlenül

A „jólneveltség," vagy „etikett" a társadalmilag helyes cselekvés, amely a hozzáállásunkat és magatartásunkat tükrözi mások felé. A különféle kulturális etikett-formák szélesen változóak lehetnek a mindennapi életünkben, mint például az etikett a beszélgetések közben, az étkezőben, vagy a viselkedésünk olyan nyilvános helyeken, mint a színház.

A megfelelő modor fontos része az életünknek. A társadalmilag elfogadható viselkedések, amelyek megfelelnek minden helyen és alkalommal, általában kedvező benyomásokat tesznek másokra. Épp ellenkezőleg, ha nem megfelelő a viselkedésünk, és ha figyelmen kívül hagyjuk az alapvető etikettet, akkor kellemetlenséget okozhatunk az embereknek körülöttünk. Továbbá, ha azt mondjuk, hogy szeretünk valakit, de illetlenül viselkedünk vele, nehéz lenne ennek a személynek azt hinni, hogy tényleg szeretjük őt.

A *The Merriam-Webster's Online Dictionary* a „méltatlanra" ily módon utal: „nincs összhangban a szabályokkal, amelyek megfelelnek az illető személy helyzetével vagy állapotával az életben." Sokféle kulturális etikett-szabály létezik a mindennapi életünkben, mint az üdvözlet és a beszélgetés. Meglepetésünkre, sokan nincsenek tisztában azzal, hogy illetlenül viselkedtek, még az után sem, hogy durván cselekedtek. Különösen könnyű számunkra, hogy illetlenül cselekedjünk azokkal szemben, akik közel állnak hozzánk. Ez azért van, mert ha jól érezzük magunkat egyes emberekkel, hajlamosak vagyunk durván cselekedni, vagy nem megfelelő etikettet követni.

De ha van bennünk igaz szerelem, soha nem járunk el illetlenül. Tegyük fel, hogy van egy nagyon értékes és szép ékszered. Hanyagul kezelnéd? Nagyon óvatosan és körültekintően kezelnéd, hogy ne szakadjon el, ne essen benne kár, vagy ne veszítsd el. Ugyanígy, ha igazán szeretsz valakit, mennyire leszel kedves vele?

Két esetben cselekedhetünk illetlenül: ha durvaságot követünk el Isten előtt, és ha durvák vagyunk egy másik emberrel.

Illetlenül viselkedni Istennel

Még azok között is, akik hisznek Istenben, és azt mondják, hogy: „szeretem Istent," amikor látjuk a tetteiket, és halljuk a szavaikat, azt látjuk, hogy nagyon távol vannak attól, hogy Istent szeressék. Például elbóbiskolnak a szertartások alatt, ami az egyik fő durvaság Isten előtt.

Álmosnak lenni az istentisztelet alatt ugyanaz, mintha elbóbiskolnánk maga Isten előtt. Elég durva lenne, ha elaludnánk egy ország elnök vagy egy vezérigazgató előtt. Akkor, mennyivel lenne méltatlanabb, ha elaludnánk Isten előtt? Kétséges, hogy továbbra is azt vallanád, hogy még mindig szereted Istent. Vagy, tegyük fel, hogy találkozol a szeretett társaddal, és folyamatosan elszundítasz előtte. Akkor, hogyan lehet azt mondani, hogy igazán szereted ezt az embert?

Továbbá, ha személyes beszélgetéseket folytatsz az emberekkel magad körül az istentiszteleteken, vagy ha álmodozol, ez is illetlenségnek számít. Ez a viselkedés azt jelzi, hogy az imádó nem tiszteli és szereti Istent.

Az ilyen viselkedés befolyásolja a lelkészeket is. Tegyük fel, hogy van egy hívő, aki beszélget egy másik emberrel, aki mellette ül, vagy tétlen gondolatokat gondol, és elszundít. Ezt követően, a lelkész azt gondolhatja, hogy az üzenete nem elég érdekes. Lehet, hogy elveszíti a Szentlélek ihletését, így nem tud a Lélek teljességével beszélni. Mindezek a cselekmények végül hátrányokat okoznak más hívőknek is.

Ez ugyanaz, mintha valaki elhagyná a szentélyt az istentisztelet közepén. Természetesen, vannak olyan önkéntesek, akiknek ki kell menniük, hogy segítsék az istentiszteletet. Azonban, az igazán különleges eseteket leszámítva, mozogni csak akkor helyes, ha az istentisztelet teljesen befejeződött. Néhány ember úgy gondolja, „Csak meghallgatjuk az üzenetet," és elmennek, mielőtt az istentisztelet véget ér, de ez illetlenség.

Az istentisztelet ma nagyjából azonos az égőáldozattal az Ószövetségben. Amikor égőáldozatot mutattak be, fel kellett vágni az állatokat darabokra, és minden egyes részt el kellett égetni (Mózes 1,9).

Ez a mai értelemben azt jelenti, hogy végig kell csinálni a megfelelő és teljes istentiszteletet az elejétől a végéig, meghatározott formai eljárások szerint. Követnünk kell minden lépést az istentiszteletben teljes szívünkből, kezdve a csendes imával, amíg be nem fejezik az áldást, vagy a Miatyánkot. Amikor énekelünk, vagy imádkozunk, vagy akár felajánlást és bejelentést teszünk, oda kell adnunk a teljes szívünket. A hivatalos istentiszteleteken kívül, bármilyen ima-összejövetel, dicséret vagy istentisztelet alkalmával, vagy a csoportos istentiszteletek alkalmával, a felajánlásunkat teljes szívünkből kell tennünk.

Ahhoz, hogy Istent teljes szívünkből imádjuk, először is, nem szabad késnünk az istentiszteletről. Nem helyes, ha késünk, amikor találkozunk másokkal, akkor milyen méltatlan az, ha elkésünk a megbeszélt találkozónkról Istennel? Isten mindig várja az istentiszteleti helyen, hogy el tudja fogadni az imánkat.

Ezért nem érkezhetünk közvetlenül az istentisztelet megkezdése előtt. A megfelelő az, ha korábban érkezünk, és bűnbánatot tartunk, és felkészülünk az istentiszteletre. Sőt, a mobiltelefonok használata az istentisztelet alatt, vagy a kisgyermekek futkározása, mind illetlenségnek számít. Rágógumizni vagy étkezni az istentisztelet alatt, mind ebben a kategóriában van, ami az illetlen cselekvés.

A személyes megjelenés, a kinézet az istentiszteleten nagyon fontos. Normális esetben nem helyes, ha valaki a templomba a viselt, munka-vagy házi ruházatában érkezik. Ez azért van, mert az öltözék egy módja annak, hogy kifejezzük a tiszteletünket egy másik személy iránt. Isten gyermekei, akik valóban hisznek Istenben, tudják, milyen értékes az Isten. Tehát, ha elmennek, hogy imádják Őt, a legtisztább öltözékben teszik.

Természetesen, lehetnek kivételek. A szerdai istentiszteletre, illetve a péntek éjjeli istentiszteletre, sokan jönnek közvetlenül a munkahelyükről. Mivel sietnek, hogy elérjenek időben, a munkaruhájukban jönnek. Az ilyen esetben, Isten nem azt mondja, hogy durván viselkedtek, hanem örvendezni fog, mert finom aromát kap az ő szívükből, mert megpróbáltak időben jönni az istentiszteletre akkor is, ha el vannak foglalva a sok munkával.

Isten azt akarja, hogy szerető közösségben legyen velünk az istentiszteletek és imák által. Ezek a feladatok, amelyeket Isten gyermekeinek meg kell tenniük. Különösen az ima, egy beszélgetés Istennel. Néha, míg mások imádkoznak, lehet, hogy az egyik ember megérinti a társát, hogy hagyja abba az imádságot, mert vészhelyzet van.

Ez ugyanaz, mintha megszakítanánk másokat, amikor beszélgetnek a főnökükkel. Továbbá, ha imádkozunk és kinyitjuk a szemünket, abbahagyva az imádkozást azonnal csak azért, mert valaki hívott, az is illetlen cselekedet. Ebben az esetben be kell fejezni az imádságot először, majd válaszolni a hívásra.

Ha az istentiszteletünket és imádságunkat lélekben és igazságban ajánljuk fel, Isten áldásokat és jutalmakat ad nekünk vissza. Az imáinkat gyorsabban megválaszolja. Ez azért van, mert a szívünk illatát örömmel fogadja. De ha felhalmozunk egy csomó méltatlan cselekedetet egy évig, két évig, és így tovább, ez létre fog hozni egy bűnfalat Isten és közöttünk. Még a férj és a feleség között is, vagy a szülők és a gyerekek között, ha a kapcsolat szeretet nélkül folytatódik, sok probléma lesz később. Ugyanaz van Istennel. Ha már felépítettünk egy falat saját magunk és Isten között, nem tudjuk megvédeni magunkat a betegségekkel vagy balesetekkel szemben, és szembenézhetünk különböző problémákkal. Lehet, hogy nem kapjuk meg a választ az imáinkra, akkor sem, ha sokáig imádkozunk. De ha megfelelő hozzáállásunk van az istentiszteletet és az ima alatt, meg tudunk oldani sokféle problémát.

A templom Isten szent háza

A templom az a hely, ahol Isten lakik. A 11,4 Zsoltár ezt mondta: *"Az Úr az ő szent templomában, az Úr trónja az egekben."*
Az ószövetségi időkben, bárki nem mehetett be a szentélybe. Csak a papok tudtak belépni. Csak egyszer egy évben, és csak a főpap léphetett be a Szentek Szentjébe, a szent helyre. De ma, a mi Urunk kegyelméből bárki beléphet a szentélybe, és imádhatja Őt. Ez azért van, mert Jézus megváltott a bűneinktől az Ő vére által, mint olvashatjuk a Zsidókhoz írt levél 10,19 részében: *"Mivelhogy azért atyámfiai bizodalmunk van a szentélybe való bemenetelre a Jézus vére által."*
A szentély nem csak az a hely, ahol imádunk. Ez minden területet jelent, ami a templom határain belül van, az udvart, és minden egyéb létesítményt is. Ezért, bárhol is vagyunk a templomban, óvatosnak kell lennünk, még egy szó vagy cselekedet esetén is. Nem szabad, hogy mérgesek legyünk, vagy veszekedjünk, vagy világi mulatságokról beszéljünk, illetve a vállalkozásunkról a szentélyben. Ugyanez van, ha hanyagul kezeljük Isten szent dolgait a templomban, vagy sérülést, törést, vagy veszteséget okozunk bennük – mindezt nem szabad tennünk.
Különösen nem elfogadható vásárolni vagy eladni bármit is a templomban. Ma, az internetes vásárlás fejlődésével sokan fizetnek a templomban azért, amit vásárolnak az interneten, és megkapják a terméket a templomban. Ez minden bizonnyal egy üzleti tranzakció. Emlékeznünk kell arra, hogy Jézus felborította a vásárosok asztalát, és elhajtotta azokat, akik állatokat adtak el

áldozatoknak. Jézus nem fogadta el az állatokat, még azokat sem, amelyeket áldozatnak szántak, hogy a templomban árulják őket. Ezért nem szabad vásárolnunk vagy eladnunk semmit a templomban a személyes igényeink miatt. Ugyanez érvényes arra, hogy bazár legyen a templom udvarán.

Minden hely a templomban arra szolgál, hogy imádjuk Istent, és közösségben éljünk a testvérekkel az Úrban. Amikor imádkozunk, és gyakran találkozunk az egyházban, óvatosnak kell lennünk, hogy ne váljunk érzéketlenné a templom szentségével szemben. Ha szeretjük az egyházat, akkor nem járunk el illetlenül a templomban, ahogy írva van a Zsoltárok 84,10-ben: *„Mert jobb egy nap a te tornáczaidban, hogysem ezer [másutt;] inkább akarnék az én Istenem házának küszöbén ülni, hogysem lakni a gonosznak sátorában!"*

Illetlenül viselkedni az emberekkel

A Biblia azt mondja, hogy az, aki nem szereti a felebarátját, nem szeretheti Istent sem. Ha illetlenek vagyunk más emberekkel, akik láthatóak, hogyan tisztelhetjük Istent, aki láthatatlan?

> *„Ha azt mondja valaki, hogy: Szeretem az Istent, és gyűlöli a maga atyjafiát, hazug az: mert a ki nem szereti a maga atyjafiát, a kit lát, hogyan szeretheti az Istent, a kit nem lát?"* (1 János 4,20).

Nézzünk meg átlagos illetlen cselekedeteket a mindennapi

életünkben, amelyeket könnyen észre sem veszünk. Általában, ha a saját érdekünket követjük úgy, hogy nem gondolunk mások helyzetére, sok durvaság fog történni. Például, amikor telefonálunk, bizonyos szabályokat be kell tartanunk. Ha este későn telefonálunk, és egy elfoglalt személyt feltartunk, ez kárt okozhat neki. Elkésni a találkozókról, vagy bejelentetlenül, váratlanul megjelenni valaki házánál, mind az illetlenség példái.

Lehet, hogy ezt gondolod: „Annyira közel vagyunk egymáshoz, nem túlságosan formális mindezekre a dolgokra gondolni?" Lehet, hogy nagyon jó kapcsolatban vagy a másikkal, ha megérted a dolgait teljesen. De még mindig nagyon nehéz megérteni a másik szívét száz százalékosan. Azt gondolhatnánk, hogy kifejezzük a barátságunkat a másik személy iránt, de lehet, hogy ő ezt másképp értelmezi. Ezért meg kell próbálnunk, hogy megértsük a dolgokat a másik szemszögéből. Különösen legyünk óvatosak, hogy ne járjunk el udvariatlanul egy másik személlyel, ha nagyon közel áll hozzánk, és kényelmesen érzi velünk magát.

Sokszor kiejthetünk gondatlan szavakat, vagy cselekedhetünk hanyagul, fájdalmat okozva másoknak, megsértve őket, legfőképpen azokat, akik a legközelebb állnak hozzánk. A családtagjainkkal, vagy a nagyon közeli barátainkkal így durván bánunk, és végül a kapcsolat közöttünk feszült lesz, és nagyon rosszá emberré válunk. Továbbá, néhány idős ember a fiatalabb korosztályt, illetve azokat, akik alacsonyabb pozíciókat töltenek be, illetlenül kezelik. Tiszteletlenül beszélnek velük, vagy parancsoló hozzáállással, így azt okozva, hogy mások kényelmetlenül érezzék magukat.

Ma nehéz találni olyan embereket, akik szívvel-lélekkel szolgálják szüleiket, tanáraikat és az idős embereket, akiket nyilvánvalóan szolgálnunk kell. Néhányan talán azt mondják: a helyzet megváltozott, azonban tudnunk kell: van valami, ami soha nem változik. Mózes 19,32 (Leviták könyve) azt mondja: *"Az ősz ember előtt kelj fel, és a vén ember orczáját becsüld meg, és félj a te Istenedtől. Én vagyok az Úr."*

Az Isten akarata számunkra az, hogy a teljes feladatunkat az emberek között teljesítsük. Isten gyermekeinek meg kell tartani a törvényt és a rendet is ezen a világon, hogy ne viselkedjenek illetlenül. Például, ha felfordulást okozunk nyilvános helyen, köpünk az utcán, vagy sértjük a közlekedési szabályokat, akkor illetlenül viselkedünk sok emberrel. Keresztények vagyunk, akik állítólag a fényt és a sót jelképezzük a világon, és így is nagyon óvatosnak kell lennünk a szavaink, cselekedetünk és viselkedésünk tekintetében.

A szeretet törvénye a végső szabvány

A legtöbb ember a legtöbb időt másokkal tölti el, találkozik és beszél velük, eszik és dolgozik velük. Emiatt sokféle, kulturálisan meghatározott etikett van a mindennapi életünkben. De mindenkinek más a képzettségi szintje, valamint a kultúrák eltérőek a különböző országokban, és a különböző fajtájú emberek között. Akkor mi legyen a standard a viselkedésünkben?

Ez a törvény a szeretet, ami a szívünkben van. A szeretet törvénye Isten törvényére utal, aki maga a szeretet. Azaz, olyan mértékben, amennyire bevéssük Isten Igéjét a szívünkbe és a gyakorlatban, miénk lesz az Úr hozzáállása, és nem járunk el illetlenül. A másik értelme a szeretet törvényének a „figyelem."

Egy ember utat vágott magának a sötét éjszakában, lámpával a kezében. Egy másik ember ellenkező irányból érkezett, és amikor látta ezt a férfit a lámpával, észrevette, hogy vak volt. Így hát megkérdezte, hogy miért volt nála egy lámpa, ha nem látta. A másik így válaszolt: „Ez azért van, hogy ne botoljon belém. Ez a lámpa az Ön számára van." Meg lehet érezni valamit a gondosságról ebből a történetből.

Figyelembe venni másokat, bár úgy tűnik, triviális dolog, mégis nagy erő az emberek szívének mozgatásában. A helytelen cselekedetek abból származnak, hogy nem figyelünk másokra, ami azt jelenti, hogy hiányzik a szeretet belőlünk. Ha igazán szeretünk másokat, mindig figyelmesek leszünk, és nem járunk el illetlenül.

A mezőgazdaságban, ha túl sok rossz gyümölcsöt távolítunk el az összes gyümölcs közül, a megtermelt gyümölcs minden rendelkezésre álló tápanyagot felszív, így túl vastag bőre lesz, és az íze sem lesz jó. Ha nem vagyunk tekintettel a többi emberre, pillanatnyilag lehet, hogy élvezni tudjuk a dolgokat, amelyek rendelkezésre állnak, de csak ízléstelen és vastag bőrű emberek leszünk, mint a gyümölcsök, amelyek túltápláltak.

Ezért, ahogy a Kolosszeaiak 3,23 mondja: *„A mit cselekesztek, mindent szívből cselekedjetek, mint az Úrnak, és nem mint embereknek,"* mindenkit a legnagyobb tisztelettel kell kezelnünk, ahogy az Urat szolgáljuk.

7. A szeretet nem keresi a hasznát

A mai modern világban nem nehéz önzőséget találni. Az emberek a saját érdeküket nézik, és nem a közösségét. Néhány országban ártalmas vegyszereket raknak a csecsemőknek gyártott tápszerekbe. Vannak, akik azzal okoznak nagy kárt az országuknak, hogy ellopják az ország számára nagyon fontos technológiákat.

A „nem az én gondom" gondolkodásmód miatt nehéz a kormányzatnak, hogy közhasznú szolgáltatókat, intézményeket alakítsanak ki, amilyen a lerakó, és a közhasznú krematórium. Az emberek nem törődnek mások jólétével, hanem csak a saját maguk dolgaival. Bár a fenti példák szélsőségesek, a hétköznapi életben is találhatunk önző cselekedeteket.

Például néhány kolléga vagy barát elmegy együtt ebédelni. Választaniuk kell, hogy mit esznek, és egyikük kitart amellett, amit enni akar. Egy másikuk követi őt, de magában elégedetlen a választással. Egy másikuk mindig megkérdezi a többieket, hogy mit gondolnak a választásáról. Aztán, függetlenül attól, hogy tetszik neki, amit a többiek választottak vagy nem, mindig örömmel eszik. Melyik csoportba tartozol te?

Egy csoport találkozik, hogy felkészüljenek egy eseményre. Számos választási lehetőségük van. Egyikük próbálja meggyőzni a többieket, amíg azok végül beleegyeznek abba, amit mond. Egy másikuk nem tart ki a véleménye mellett ilyen mértékben, de ha nem tetszik egy vélemény, kimutatja a nemtetszését, de végül csak beleegyezik.

Egy másik valaki meghallgat másokat, amikor véleményt mondanak, bármikor. Ha más is a saját véleménye a dolgokról, követi a többség véleményét. Ez a különbség abból ered, hogy mindenkinek más a szeretet mennyisége a szívében.

Ha létezik egy véleménykülönbség, amely vitához vagy veszekedéshez vezet, azért van, mert az emberek a saját érdeküket követik, és kitartanak a saját véleményük mellett. Ha egy házaspár tagjai csak a saját véleményüket hangoztatják, állandóan ütközni fognak, és nem fogják megérteni egymást. Békében lehetnek, ha egymásnak engednek, és megértik egymást, azonban a béke gyakran csorbát szenved, mert kitartanak a saját véleményük mellett.

Ha szeretünk valakit, jobban törődünk vele, mint saját magunkkal. Nézzük meg a szülői szeretetet. A legtöbb szülő először a gyerekére gondola, és csak aztán magára. Az anya ezt szeretné hallani: „A lányod olyan csinos," és nem azt, hogy „Olyan csinos vagy."

Ahelyett, hogy ők maguk ennének ízletes gyümölcsöt, a szülők boldogabbak, ha a gyerekeik esznek jól. Ahelyett, hogy ők maguk viselnének jó ruhákat, boldogabbak, ha a gyerekeiket tudják jól öltöztetni. Azt akarják, hogy a gyerekeik intelligensebbek legyenek, mint ők. Azt is, hogy a gyerekeiket mások elismerjék és szeressék. Ha ilyen szeretetet mutatunk a szomszédunk és mindenki más irányában, milyen elégedett lesz velünk Isten Atya!

Ábrahám mások előnyét kereste szeretettel

Ha mások érdekeit a magunk elé helyezzük, ez az önfeláldozó

szeretet. Ábrahám jó példája annak, hogy a mások érdekét a saját magáé elé helyezi valaki.

Amikor Ábrahám elhagyta a szülővárosát, az unokaöccse, Lót követte őt. Lót nagy áldásokat kapott Ábrahámnak köszönhetően, és nagyon sok állata volt, ezért a víz nem volt elegendő arra, hogy mind az Ábrahám, mind a Lót állatait megitassa. Néha a csordáik össze is verekedtek.

Ábrahám nem akarta, hogy a béke sérüljön, ezért megengedte Lótnak, hogy először ő válassza ki a területet, amelyet magának akart, és neki jó volt az is, ami maradt. Amikor a nyájra vigyáz valaki, a legfontosabb dolgok a fű és a víz. A hely, ahol laktak, nem volt elég füves, és nem volt elég víz rajta ahhoz, hogy az összes nyájnak elég legyen, és az, hogy a jobb földet átadta annyit jelentett, hogy valaki feladta a túlélés esélyét.

Ábrahám azért figyelt ennyire Lótra, mert nagyon szerette őt. Azonban Lót nem teljesen értette Ábrahám szeretetét, ezért csak kiválasztotta a jobb területet, Jordánia területét, és elment. Vajon Ábrahámnak rosszul esett, hogy Lót azonnal kiválasztotta a jobb területet, és elment? Egyáltalán nem! Örült, hogy az unokaöccse a jobb területet választotta.

Isten látta Ábrahám jó szívét, és még jobban megáldotta őt, bárhová ment. Olyan gazdag ember lett belőle, hogy mindenki tisztelte őt, még a király is. Amint látjuk a példából, biztosan megáld bennünket az Isten, ha először mások érdekeit követjük, nem a magunkét.

Ha valamit a sajátunkból a szeretteinknek adunk, az örömünk nagyobb less, mint bármi más. Ezt az örömöt csak az értheti meg, aki adott már nagy értéket a szeretetének. Jézus érzett ilyen örömet. Ezt a nagy szeretetet akkor érezhetjük, ha tökéletes szeretetet gyakorlunk. Nehéz olyan embernek adni, akit utálunk, de egyáltalán nem nehéz olyan embernek adni, akit szeretünk. Mert boldogok leszünk, ha adunk.

A legnagyobb boldogság élvezete

A tökéletes szeretet megengedi a számunkra, hogy a legnagyobb boldogságot élvezzük. Annak érdekében, hogy tökéletes szeretet legyen bennünk, mint a Jézusé, először másokra kell gondolnunk, csak utána magunkra. Ahelyett, hogy saját magunkra gondolunk, a szomszédainkra, Istenre, az Úrra, és az egyházra kell először gondolnunk, és ha ezt tesszük, Isten vigyázni fog ránk. Valami jobbat ad nekünk vissza, ha mások előnyeit keressük. A Mennyországban tárolják a mennyei jutalmainkat. Ezért Isten ezt mondja a Cselekedetek 20,35-ben: *"Nagyobb boldogság adni, mint kapni."*

Itt egy dolog világos kell hogy legyen a számunkra. Nem szabad egészségügyi gondokat előidéznünk magunknak azzal, hogy Isten királyságáért az erőnk fölött dolgozunk. Isten elfogadja a szívünket, ha hűségesek leszünk, a saját korlátainkat túllépve. Azonban a fizikai testünknek pihenésre van szüksége. A lelkünk jóllétére is vigyáznunk kell, ezért imádkozzunk, böjtöljünk, és tanuljuk Isten Szavát, ne csak dolgozzunk az egyháznak.

Vannak, akik azzal rövidítik meg a családjukat, hogy túl sok időt töltenek a vallásos vagy templomi tevékenységükre. Például, vannak olyan emberek, akik nem tudják a munkájukat rendesen elvégezni, mert böjtölnek. Az egyetemisták lehet, hogy elhanyagolják a tanulmányaikat, és nem vesznek részt a vasárnapi iskolában.

A fenti esetekben azt gondolhatják az emberek, hogy nem a saját érdeküket keresték, mert nagyon keményen dolgoztak. Azonban ez nem így van. Annak ellenére, hogy az Úrnak dolgoztak, nem voltak hűségesek Isten teljes házában, ami azt jelenti, hogy nem teljesítették Isten gyermekeinek a teljes feladatát. Végül is, a saját érdeküket követték.

Mit tehetünk azért, hogy elkerüljük a saját érdekünk követését, minden dologban? A Szentlélekre kell bíznunk magunkat. A Szentlélek, aki Isten szíve, elvezet bennünket az igazsághoz. Ha mindent a Szentlélek sugallatára cselekszünk, ahogy Pál apostol mondta, kizárólag Isten dicsőségéért fogunk élni: *"Azért akár esztek, akár isztok, akármit cselekesztek, mindent az Isten dicsőségére míveljetek"* (1 Korinthusiak 10,31).

Ahhoz, hogy a fentieket megtehessük, meg kell szabadulnunk a szívünkben lévő gonoszságtól. Továbbá, ha igaz szeretetet táplálunk a szívünkben, a jóság bölcsessége megszáll bennünket, és képesek leszünk felismerni Isten akaratát minden helyzetben. Ha a lelkünk virágzik, minden dolog jól fog működni a számunkra, és egészségesek leszünk, és Istenhez teljes mértékben hűségesek leszünk. A szomszédaink és a családtagjaink is szeretni fognak bennünket.

Amikor a friss házasok eljönnek hozzám, hogy megáldjam őket az imámmal, mindig azt kérem az imámban, hogy először a másik előnyeit keressék meg, mindig. Ha a saját érdeküket nézik, nem lesz békés a családjuk.

Kereshetjük azok előnyeit, akiket szeretünk, vagy választhatjuk azt az előnyt is, amely nekünk jó. Mi van azokkal, akik mindig csak nehézséget okoznak nekünk, mert mindig csak a saját érdekük vezérli őket? És azokkal, akik kárt vagy szenvedést okoznak nekünk, vagy nem tudnak semmilyen előnnyel szolgálni nekünk? Hogyan cselekszünk azokkal, akik hamisan viselkednek, és gonoszságokat beszélnek, mindig?

Ezekben az esetekben, ha elkerüljük őket, és nem hozunk áldozatokat értük, azt jelenti, hogy még mindig a saját érdekünket keressük. Képesek kell lennünk az önfeláldozásra, és azoknak is teret kell adnunk, akiknek teljesen más a véleményük, mint a miénk. Csak ekkor mondhatjuk, hogy olyan egyének vagyunk, akik spirituális szeretetet árasztanak magukból.

8. A szeretetet nem lehet kiprovokálni

A szeretet az emberek szívét pozitívvá változtatja. Másrészt, a düh az ember szívét negatívra hangolja. A düh árt a szívnek, mert sötétre változtatja. Tehát, ha dühös leszel, nem élhetsz Isten szeretetében. A legfontosabb csapda, amit az ellenséges ördög és a Sátán felállít Isten gyerekeinek, a gyűlölet és a düh.

Ha valakit provokálnak, az nem csak annyit jelent, hogy dühös lesz, ordít, átkozódik, és erőszakossá válik. Ha az arcod eltorzul, ha az arcszíned megváltozik, és ha a beszédmódod kiszámíthatatlanná válik, ez mind azért van, mert a provokációnak felültél. Bár a mérték más és más minden esetben, még mindig a szívben lévő gyűlölet és harag külső megnyilvánulásairól beszélünk. Ha valakinek meglátjuk a külső megjelenését, nem szabad elítélnünk azért, mert dühös. Nem könnyű senkinek sem egy másik személy szívét pontosan megérteni.

Jézus egyszer elkergette azokat, akik tárgyakat árultak a Templomba jószágot árultak az embereknek, akik a Jeruzsálem Templomába jöttek, hogy megnézzék a húsvétot. Jézus is gyöngéd, nem vitázik, és nem kiabál, és senki sem hallja a hangját az utcán. Azonban, amikor ezt a jelenetet látta, a hozzáállása nagyon megváltozott a megszokottól.

Egy ostort készített egy kötélből, és elkergette vele a juhokat, teheneket, és a többi áldozatot. Felborította a pénzváltók és galambárusok asztalait. Amikor az emberek körülötte látták ezt a Jézust, lehet, hogy azt gondolták: dühös. Azonban ekkor Jézus nem a gyűlölettől volt dühös. Csupán jogosan felháborodott. A jogos felháborodása révén rá kell hogy jöjjünk, hogy Isten

Templomának a meggyalázása miatt érzett felháborodás nem tolerálható. Ez a fajta jogos felháborodás az Isten iránti szeretet eredménye, aki az Ő igazságával tökéletesíti a szeretetet.

A jogos felháborodás és a düh közötti különbség

Márk 3. fejezetében szombaton Jézus meggyógyított egy embert a zsinagógában, akinek egy keze béna volt. Az emberek nézték Jézust, hogy meglássák, hogy vajon meggyógyít-e egy embert szombaton, hogy utána azzal tudják megvádolni, hogy megsértette a szombatot, az ünnepet. Ekkor Jézus már ismerte az emberek szívét, és megkérdezte: *"Szabad-é szombatnapon jót vagy rosszat tenni? lelket menteni, vagy kioltani?"* (Márk 3,4).

A szándékuk kitudódott, és nem tudtak tovább beszélni, mert Jézus dühe a megkeményedett szívük ellen szólt.

> *Ő pedig elnézvén őket haraggal, bánkódván szívök keménysége miatt, monda az embernek: Nyújtsd ki a kezedet. És kinyújtá, és meggyógyult a keze és éppé lőn, mint a másik* (Márk 3,5).

Abban az időben a gonosz emberek megpróbálták elítélni és megölni Jézust, aki csak jó dolgokat követett el. Néha Jézus kemény szavakkal illette őket. Azért tette, hogy ráébressze őket arra, hogy le kell térniük a pusztulás útjáról. Hasonlóan, Jézus jogos felháborodása is a szeretetéből fakadt. Ez a felháborodás néha felébresztette az embereket, és elvezette őket az életre. Ily módon a provokálás és a jogos felháborodás teljesen különbözik egymástól. Csak ha valaki szentté válik, és teljesen bűntelen, csak ekkor mondhatjuk, hogy a megfeddései életet adnak a lelkeknek. Azonban, a szív szentté válása nélkül valaki senki sem teremheti ezt a gyümölcsöt.

Az emberek sok okból válhatnak dühössé. Először: az emberek gondolatai és kívánságai különböznek egymástól. Mindenkinek más a családi háttere és a képzettsége, tehát a szívük és gondolataik, valamint az ítéleteik alapja mind különböznek egymástól. Azonban megpróbálnak másokat belegyömöszölni a gondolataikba, és ebben a folyamatban neheztelni fognak.

Tegyük fel, hogy a férj szereti a sós ételeket, míg a feleség nem. A feleség mondhatja ezt: „Túl sok só nem jó az egészségnek, és egy kicsit kevesebbet kellene fogyasztanod." Ezt a tanácsot a férje egészsége miatt mondja. Azonban, ha a férje nem akarja, nem kell erőltetnie az ötletet. Olyan megoldást kell találniuk, amely mindkettejüknek jó. Boldog család lehetnek, ha mindketten megpróbálják ezt.

Másodszor: lehet, hogy valaki akkor less dühös, ha mások nem hallgatnak rá. Ha idősebb, vagy magasabb beosztásban van, azt akarja, hogy mások engedelmeskedjenek neki. Természetesen, rendben van, ha tiszteljük az idősebbeket, valamint azokat, akik magasabb pozícióban vannak a hierarchiában, de nem helyes a magasabb beosztásúak részéről kikényszeríteni az engedelmességet az alattuk lévőktől.

Van olyan helyzet, amikor a magasabb pozícióban lévő személy egyáltalán nem hallgatja meg az alatta lévőket, hanem csak azt akarja, hogy feltétel nélkül kövessék az ő szavait. Más esetekben az emberek dühössé válnak, ha veszteség éri őket, vagy igazságtalanul bánnak velük. Sőt, lehet, hogy valaki dühös less, ha mások ok nélkül haragszanak rá, vagy a dolgokat nem úgy végzik el, ahogy ő kérte, esetleg mások káromkodnak rá, vagy megsértik. Mielőtt dühösek lesznek, az emberek először neheztelnek a szívükben. Mások szavai vagy cselekedetei váltják ki belőlük ezt. Végül a zaklatott érzések kijönnek, düh formájában. Általában ez a neheztelés a düh első lépése. Nem lakhatunk Isten szeretetében, és a spirituális növekedésünk teljesen akadályozva van, ha dühösek vagyunk.

Nem változtathatjuk meg magunkat az igazságban, ha neheztelés van a szívünkben, és meg kell előznünk azt, hogy provokáljanak, valamint a dühöt magát el kell dobnunk magunktól. Az 1 Korinthusiak 3,16 ezt mondja: *„Nem tudjátok-é, hogy ti Isten temploma vagytok, és az Isten Lelke lakozik bennetek?"*

Jöjjünk rá, hogy a Szentlélek beveszi a szívünket, mint a Templomot, és hogy Isten mindig figyel minket, hogy ne provokálhassanak bennünket csak azért, mert néhány dolog nem egyezik azzal, amit gondolunk.

Az ember dühhel nem éri el Isten igazságosságát

Illés esetében elmondhatjuk, hogy a tanárának, Elizeusnak a szelleméből dupla adagot kapott, és Isten hatalmának a megnyilvánulásait tudta bemutatni. Egy meddő nőnek megadta a fogantatás áldását, felélesztett egy holtat, meggyógyította a leprásokat, és legyőzte az ellenséges hadsereget. Az ihatatlan vizet ivóvízzé alakította úgy, hogy sót tett bele. Azonban meghalt egy betegség miatt, ami nagyon ritka volt Isten nagy prófétái között. Mi lehetett az ok? Akkor történt, amikor Bethelbe ment. Egy fiatal férfiakból álló csoport jött a városból, és kigúnyolták őt, mivel nem volt haja, és előnytelen volt a kinézete. *„Jőjj fel, kopasz, jőjj fel, kopasz!"* (2 Királyok 2,23).

Nem csak egy pár, hanem nagyon sok fickó gúnyolódott Elizeuson, aki szégyenkezett. Megszidta őket, és tanácsot adott nekik, de nem hallgattak rá. Nagyon makacsul, csak zaklatták, és ez elviselhetetlen volt Elizeus számára.

Bethel volt a bálványimádat központja Észak-Izraelben, miután a nemzet kettészakadt. A férfiaknak ezen a területen kemény szívük lehetett, mivel a bálványimádat körülvette őket. Lehet, hogy eltorlaszolták az utat, köpködtek Elizeusra, de még az is lehet, hogy köveket dobáltak rá. Elizeus végül megátkozta őket. Két anyamedve kijött az erdőből, és negyvenkét férfit megölt közülük.

Természetesen ők hozták magukra, mert Isten emberét határtalan módon kigúnyolták, de a történet azt bizonyítja, hogy Elizeus neheztelt. Az sem mellékes, hogy egy betegségtől halt meg. Láthatjuk, hogy nem helyes Isten gyermekei számára, hogy provokálják őket. *„Mert ember haragja Isten igazságát nem munkálja"* (Jakab 1,20).

Hogy ne provokáljanak

Mit kell tennünk annak érdekében, hogy ne legyünk dühösek? Le kell nyomunk magunkban önkontrollal? Ha egy rugót erősen lenyomunk, nagy ellenállás keletkezik benne, és amint levesszük a kezünket róla, visszaugrik nyomban. Ugyanez van a dühösséggel. Ha elnyomjuk magunkban, lehet, hogy pillanatnyilag elkerüljük a konfliktust, de előbb-utóbb robbanni fog. Ezért, hogy ne provokálhassanak bennünket, meg kell szabadulnunk magától a düh érzésétől. Nem csak le kell hogy nyomjuk, hanem jósággá kell hogy alakítsuk, szeretetté, hogy ne kelljen semmit elnyomnunk.

Természetesen nem nyomhatunk le magunkban minden neheztelést egyetlen éjszaka alatt, és nem helyettesíthetjük jósággal vagy szeretettel. Napról napra állandóan meg kell próbálnunk. Először egy provokatív helyzetben Istenre kell hagynunk a helyzetet, és türelmesnek kell lennünk. Azt mondják, hogy Thomas Jefferson irodájában, az Egyesült Államok harmadik elnökének az irodájában ez állt: „Ha dühös vagy, számolj tízig, mielőtt beszélsz, ha nagyon dühös vagy, százig." Egy koreai mondás így szól: „ha háromszor türelmes vagy, megelőzöl egy gyilkosságot."

Ha dühös vagy, meg kell állnod, és át kell gondolnod, hogy milyen előnyökkel jár számodra ez. Ekkor nem lesz semmi, amit sajnálhatunk, vagy szégyellhetünk. Amint megpróbáljuk a türelmet a Szentlélek segítségével, valamint imával, hamarosan megszabadulunk a düh gonosz érzésétől is. Ha korábban tízszer voltunk dühösek, legközelebb csak kilencszer, majd nyolcszor leszünk, és így a szám csökkenni fog. Később egy provokatív helyzetben sem leszünk dühösek. Milyen boldogok leszünk!

A Példabeszédek 12,16 ezt tartalmazza: *„Aki igazán szól, megjelenti az igazságot, a hamis bizonyság pedig az álnokságot,"* és a Példabeszédek 19,11 meg ezt mondja: *„Az embernek értelme hosszútűrővé teszi őt; és ékességére van néki* *elhallgatni a vétket."*

A „düh" angol megfelelőjét ('Anger') csak egy betű választja el a „veszély" ('Danger') angol szótól. Lehet, hogy rájövünk: milyen veszélyes dühösnek lenni. A végső győztes az less, aki kitart. Vannak olyan emberek, akik uralkodnak magukon a templomban, olyan helyzetekben is, ami feldühíti őket, de könnyen dühösek lesznek otthon, az iskolában, vagy a munkahelyükön is. Isten nem csak a templomban lakik.

Ismeri az ülésünket és állásunkat, és minden szavunkat, minden gondolatunkkal együtt. Figyel minket mindenhol, és a Szentlélek a szívünkben lakik. Ezért, úgy kell élnünk, mintha Isten előtt állnánk, egyfolytában.

Egy házaspár vitába keveredett, és a dühös férj rákiabált a feleségére, hogy hallgatásra bírja. Annyira sokkolta ez a nőt, hogy soha többé nem szólt egy szót sem, egészen a haláláig. A férj, aki a mérgét az asszonyra öntötte, valamint a férj is, sokat szenvedtek. Ha provokáltnak érezzük magunkat, az nagyon sok embernek jelenthet szenvedést, és arra kell ezért törekednünk, hogy megszabaduljunk mindenfajta rossz érzéstől és neheztléstől.

9. A szeretet nem veszi figyelembe az elszenvedett rosszat

A szolgálatom során nagyon sokféle emberrel találkoztam. Vannak, akik érzik Isten szeretetét, csak ha Rá gondolnak, és már sírnak is, míg mások gondban vannak, mert nem érzik mélyen Isten szeretetét, bár hisznek Benne, és szeretik Őt.

Az a mérték, amennyire érezzük Isten szeretetét, attól függ, hogy milyen mértékben dobtuk el magunkból a gonoszságot és a bűnt. Olyan mértékben, amennyire kidobtuk a gonoszságot és a bűnt a szívünkből, érezhetjük Isten szeretetét, mélyen a szívünkben, anélkül, hogy a hitünk növekedése megállna a szívünkben. Lehet, hogy a hitbeli menetelésünkben nehézségeink lesznek, de ekkor emlékeznünk kell Isten szeretetére, Aki mindig vár ránk. Amíg emlékszünk a Szavára, nem fog számítani semmi rossz, amit elszenvedtünk.

Egy elszenvedett rossz figyelembe vétele

Az élet rejtett függőségeinek gyógyítása című könyvében Dr. Archibald D. Hart, a School of Psychology at Fuller Theological Seminary korábbi dékánja azt mondta, hogy négy amerikai fiatal közül egy komolyan depressziós, és hogy a depresszió, a drogok, a szex, az Internet, alkoholfogyasztás és a dohányzás tönkreteszik a fiatalok életét.

Ha a függő emberek abbahagyják a gondolkodásra, érzelmekre és a viselkedésre ható szerek használatát, kevés olyan képességük marad, ha egyáltalán marad, ami segíteni fogja őket az elhagyásban. A függő ember lehet, hogy másfajta szerekhez fog fordulni, amelyek megváltoztatják az agy vegyi összetételét, és ezzel jobban érzik magukat. Ezek a függőséget okozó tevékenységek a szex, a szerelem, és a kapcsolatok (az angol rövidítés sex, love, relationship (SLR)). Nem éreznek elégtételt semmiben, és nem érzik a kegyelmet és örömöt, amely az Istennel való kapcsolatból ered, ezért ők komolyan betegek, mondja Dr. Hart. A függőség egy kísérlet arra, hogy elégtételt vegyünk más dolgokból, mint az Isten iránti szeretet, és Isten elhanyagolásának az eredménye. Egy függő személy alapjában mindig csak valami rosszra gondol, ami vele történt.

Mi egy elszenvedett rossz? Minden gonoszságra utal, amelyek nincsenek Isten akaratával megfelelésben. A gonoszság alapvetően három kategóriába osztható.

Az első az a gondolat, hogy valakinek rosszat kívánsz.
Például, tegyük fel, hogy valakivel vitáztál. Annyira utálod, hogy ezt gondolod magadban: „Bárcsak megbotlana, és elesne." Tegyük fel, hogy nem jó a viszonyod egy szomszéddal, és valami rossz történik vele. Ezt gondolod: „Milyen jó!" vagy: „Tudtam, hogy ez fog történni vele!"

Ha van benned igaz szeretet, soha nem fogsz ilyen gonosz dolgokat gondolni. Szeretnéd, hogy a szeretteid lebetegedjenek, vagy balesetet szenvedjenek? Azt szeretnéd, hogy a szeretett férjed vagy feleséged mindig egészséges legyen, és ne történjen vele semmilyen baleset. Mivel nincs a szívünkben szeretet, azt akarjuk, hogy másokkal baj történjen, és örülünk, ha másokkal rossz dolgok történnek.

Meg szeretnénk ismerni mások gyenge pontjait, és ezeket szeretnénk terjeszteni, ha nincs bennünk szeretet. Tegyük fel, hogy egy összejövetelre mentél, és valaki rosszat mondott egy másik személyről itt. Ha érdekel egy ilyen párbeszéd, akkor meg kell vizsgálnod a szíved. Ha valaki gyalázza a szüleidet, ezt akarnád hallgatni minél tovább? Azt mondanád, hogy azonnal hagyják abba.

Természetesen, vannak olyan esetek, amikor tudnod kell mások helyzetéről, mivel segíteni akarsz rajtuk. Azonban, ha nem ez a helyzet, és így is szeretnél másoknak a rossz dolgairól hallani, azért van, mert megvan benned a kívánság, hogy másokat gyalázz, és róluk pletykálj. *„Elfedezi a vétket, aki keresi a szeretetet; aki pedig ismétlen előhoz egy dolgot, elszakasztja egymástól a barátságosokat is"* (Példabeszédek 17,9).

Azok, akik jók, és van bennük szeretet, megpróbálják mások hibáit elfedni. Továbbá, ha van lelki szeretet bennünk, nem leszünk féltékenyek vagy irigyek, ha mások jól boldogulnak. Csak azt szeretnénk, hogy legyenek jómódúak, és mások szeressék őket. Az Úr Jézus azt mondta, hogy szeretnünk kell még az ellenségeinket is. A Rómaiakhoz írt levél 12,14 ezt mondja: *„Áldjátok azokat, akik titeket kergetnek; áldjátok és ne átkozzátok."*

A második eleme a gonosz gondolatnak: mások elítélésének a gondolata.

Például, tegyük fel, hogy látsz egy hívőt egy olyan helyre menni, ahová a hívők nem járnak. Milyen gondolataid is lesznek? Lehet, hogy negatív véleményed lesz róla, olyan mértékben, hogy azt gondolod: „Hogyan is teheti ezt?" Vagy, ha van benned jóság, akkor csodálkozni fogsz: „Miért menne egy ilyen helyre?" de aztán, megváltoztatod a gondolataidat, és azt gondolod, hogy kell hogy oka legyen rá.

Még ha hallasz is valamit, ami nem jó, nem ítélkezel, és nem ítéled el a személyt, kivéve, ha kétszer is leellenőrizted a tényeket. A legtöbb esetben, amikor a szülők hallanak valamilyen rossz dolgot a gyerekeikről, hogyan reagálnak? Nem csak egyszerűen elfogadják, hanem ragaszkodnak ahhoz, hogy a gyermekük nem tenne ilyesmit. Azt hiszik, hogy az az ember, aki ezt mondja a gyerekükre, rossz. Ugyanígy, ha igazán szeretsz valakit, akkor a lehető legjobb módon fogsz rágondolni.

De ma azt látjuk, hogy az emberek gonoszságokat gondolnak a többiekről, és rossz dolgokat mondanak róluk, nagyon könnyedén. Ez nem csak a személyes kapcsolatokban történik meg, hanem azokat is bírálják, akik állami pozíciókat töltenek be.

Nem is próbálják megnézni a teljes képet, hogy mi is történt valójában, és alaptalan pletykákat terjesztenek. Az agresszív válaszok következtében, amelyek az Interneten keringenek, néhány ember még öngyilkosságot is elkövet. Megítélnek és elítélnek másokat a saját szabványaik, gondolataik szerint, és nem az Isten Igéjével. De mi a jó Isten akarata?

Jakab 4,12 erre figyelmeztet bennünket: *„Egy a törvényhozó, aki hatalmas megtartani és elveszíteni: kicsoda vagy te, hogy kárhoztatod a másikat?"*

Csak Isten tud igazán ítélkezni. Azaz, Isten azt mondja, hogy rossz, ha valaki elítéli a szomszédját. Tegyük fel, hogy valaki valami rosszat tesz. Ebben a helyzetben azoknak, akikben van lelki szeretet, nem fontos, hogy ez a személy helyesen tette vagy nem, amit tett. Csak arra gondolnak, hogy mi is hasznos neki. Csak azt akarják, hogy az ember lelke virágozzon, és hogy szeresse őt az Isten.

Továbbá, a tökéletes szeretet az, hogy nem csak eltakarjuk a vétkeket, hanem segítjük a másik személyt, hogy képes legyen a megtérésre. Tudni kell megtanítani az igazságot, és megérinteni az ember szívét, hogy így a helyes utat válassza, és változtassa meg magát. Ha tökéletes lelki szeretet van bennünk, nem kell megpróbálnunk jósággal nézni a másikra. Természetesen szeretni fogjuk azt a személyt is, akinek sok bűne van. Csak azt akarjuk, hogy bízzunk benne, és segítsünk neki. Ha nincs elítélő gondolatunk másokról, elégedettek leszünk, bárkivel is találkozzunk.

A harmadik elem az összes olyan gondolat, amelyek nem az Isten akarata szerintiek.

Nem csak az, ha valami gonosz dolgot gondolunk másokról, de bármilyen gondolat, amely nem áll összhangban Isten akaratával, gonosz gondolat. A világi életben azokról az emberekről, akik az erkölcsi normák és a lelkiismeret szerint élnek, azt mondjuk, hogy jóságban élnek.

De sem az erkölcs, sem a lelkiismeret nem lehet a jóság abszolút fokmérője. Mindkettő sok mindent tartalmaz, amely ellentétes, vagy teljesen az ellenkezője az Isten Igéjének. Csak Isten Igéje lehet abszolút fokmérője a jóságnak.

Azok, akik elfogadják az Urat, azt vallják, hogy bűnösök. Az emberek talán büszkék magukra azért, mert jó és erkölcsös életet élnek, de még mindig rosszak, és még mindig bűnösök Isten Igéje szerint. Ez azért van, mert minden, ami nem áll összhangban Isten Igéjével, gonoszság és a bűn, és az Isten Igéje az egyetlen abszolút standard a jóságra (1 János 3,4).

Akkor mi a különbség a bűn és a gonoszság között? Széles értelemben véve, a bűn és a gonoszság egyaránt hazugság, ami az igazság ellen van, ami az Isten Igéje. Ezek a sötétséget képviselik, ami ellentmond az Istennek, aki a Fény.

De ha részletesebben megnézzük őket, meglehetősen eltérnek egymástól. Összehasonlítva egy fával, a „gonosz" olyan, mint a gyökér, amely a földbe hatol, és nem látható, míg a „bűn" olyan, mint az ágak, levelek és a gyümölcsök.

Gyökér nélkül a fa nem hozhat ágakat, leveleket, gyümölcsöt. Amikor ez a gonosz nyilvánul meg egy bizonyos formában, úgy nevezik, hogy bűn.

Jézus ezt mondta: *„A jó ember az ő szívének jó kincséből hoz elő jót; és a gonosz ember az ő szívének gonosz kincséből hoz elő gonoszt: mert a szívnek teljességéből szól az ő szája"* (Lukács 6,45).

Tegyük fel, hogy valaki mond valakinek valamit, ami fáj ennek a személynek. A szívében lévő gonoszság „gyűlöletként" és „gonosz szavakként" nyilvánul meg, amelyek konkrét bűnök. A bűn adott szabvány szerint, az Isten szava szerint valósul meg és lesz konkrét, amely a parancsolat.

Törvény nélkül senki nem tud megbüntetni senkit, mert nincs szabvány a tisztánlátásra és az ítéletre. Hasonlóképpen, a bűn azért derül ki, mivel Isten Igéje ellen van. A bűn a test dolgaira és a test cselekedeteire osztható fel. A hús dolgai olyan bűnök, amelyeket a szívben és a gondolatokban követünk el, mint a gyűlölet, az irigység, a féltékenység, a házasságtörő elme, míg a test cselekedetei olyan bűnök, mint a veszekedés, az indulatos kitörés, vagy a gyilkosság.

Ez némileg hasonlít a világi bűnökre vagy bűncselekményekre, amelyek különbözőek lehetnek. Például, attól függően, hogy ki ellen követték el a bűncselekményt, lehet nemzet-, nép-, vagy magánszemély-ellenes bűncselekmény.

De annak ellenére, hogy az embernek gonosz a szíve, nem egyértelmű, hogy el fog követni bűnöket. Ha hallgatja Isten Igéjét, és van benne önkontroll, el tudja kerülni a bűnöket annak ellenére, hogy van gonoszság a szívében. Ebben a szakaszban lehet, hogy elégedett ha csak arra gondol, hogy már elérte a megszentelődést, mivel nem követ el nyilvánvaló bűnöket.

Ahhoz, hogy teljesen megszentelt legyen, meg kell hogy szabaduljon a gonosztól, ami a természetében kódolva van, mélyen a szívében. Az ember természete tartalmazza a gonoszságot, amit örökölt a szüleitől. Ez általában nem tárul fel a hétköznapi helyzetekben, de felszínre tör szélsőséges helyzetekben.

Egy koreai mondás szerint: „Bárki átugrik a kerítésen a szomszédhoz, ha éhezik három napig." Ez ugyanaz, mint „a szükségszerűség nem ismer törvényt." Amíg nem vagyunk teljesen megszenteltek, a gonoszság, ami el volt rejtve, kitör belőlünk a szélsőséges helyzetekben.

Bár nagyon kicsi, a legyek ürüléke mégis ürülék. Teljesen hasonló módon, annak ellenére, hogy nem bűn, ha valami nem tökéletes a tökéletes Isten szemében, végülis bűnnek számít. Ezért az 1 Thesszalonikaiak 5,22 azt mondja: *"... tartózkodjatok a rossz minden formájától."*

Isten a szeretet. Alapvetően Isten parancsolatait „szeretetté" lehet sűríteni. Azaz, gonoszság és törvénytelenség nem szeretni. Ezért, annak ellenőrzésére, hogy figyelembe vegyük az elszenvedett sérelmeket, megnézhetjük, hogy mennyi szeretet van bennünk. Olyan mértékben, amennyire szeretjük Istent és más lelkeket, nem vesszük figyelembe az elszenvedett rosszat.

Ez pedig az ő parancsolata, hogy higyjünk az ő Fiának, a Jézus Krisztusnak nevében, és szeressük egymást, a mint megparancsolta nékünk (1 János 3,23).

A szeretet nem illeti gonoszszal a felebarátot. Annakokáért a törvénynek betöltése a szeretet (Rómaiakhoz 13,10).

Az elszenvedett rossz figyelmen kívül hagyása

Ha nem akarjuk figyelembe venni a rosszat, amit elszenvedtünk, mindenekelőtt nem kell meglátni, hallani a gonoszságot. Még ha történetesen látjuk és halljuk is, nem szabad megjegyezni, vagy gondolni rá újra. Nem szabad emlékezni rá. Persze néha lehet, hogy nem tudjuk irányítani a saját gondolatainkat. Egy adott gondolat felmerülhet még erősebben, annak ellenére, hogy megpróbálunk nem gondolni rá. De ahogy folyamatosan kísérletet teszünk arra, hogy ne a gonoszságra gondoljunk, gondolatok és imádságok által, a Szentlélek segíteni fog bennünket. Soha nem szabad szándékosan látni, hallani, vagy rágondolni a gonoszra, továbbá, meg kell próbálni levetkőzni még a gondolatokat is, amelyek átvillannak a tudatunkon egy pillanatra.

Nem szabad részt vennünk gonosz dolgokban sem. A 2 János 1,10-11 ezt tartalmazza: *„Ha valaki elmegy hozzátok és nem ezt a tudományt viszi, ne fogadjátok azt be házatokba, és azt ne köszöntsétek; Mert a ki köszönti azt, részes annak gonosz cselekedeteiben."* Isten azt tanácsolja nekünk, hogy kerüljük el a gonoszságot, és ne fogadjuk el.

Az emberek a bűnös természetüket a szüleiktől örökölik. Míg ezen a világon élnek, érintkezésbe kerülnek, nem kevés valótlansággal. A bűnös természetük és az igazság alapján kifejlesztik a személyes karakterüket, vagy az „énüket." A keresztény élet azt jelenti, hogy levetjük ezt a bűnös természetet, és a hazugságokat attól a pillanattól kezdve, hogy elfogadtuk az Urat. Ahhoz, hogy levessük a bűnös természetet és a hazugságokat, szükségünk van hatalmas türelemre, és ez nagy erőfeszítést igényel. Mivel ebben a világban élünk, jobban ismerjük a hazugságot, mint az igazságot. Viszonylag könnyebb elfogadni a hazugságot, és magunkévá tenni, mint az, hogy eldobjuk magunktól. Például, könnyű egy fehér ruhát fekete tintával befoltozni, de nagyon nehéz eltávolítani a foltot, hogy teljesen fehér legyen újra a ruha.

Emellett, bár nagyon kis gonoszságnak tűnik, nagy gonoszság lehet belőle egy pillanat alatt. Ahogy a Galateák 5,9 mondja, *„Kis kovász az egész tésztát megkeleszti,"* egy kis gonoszság sok emberre, és nagyon gyorsan terjedhet el. Ezért óvatosak kell hogy legyünk, még egy kevés gonoszsággal kapcsolatban is. Ahhoz, hogy ne gondoljunk a gonoszra, meg kell utálnunk anélkül, hogy egyáltalán gondolkodnánk róla. Isten azt parancsolja nekünk, hogy „*Gyűlöld a gonoszságot, az Urat szeresd,*" (Zsoltárok 97,10), és azt tanítja nekünk, hogy „*az Úr szeretete a gonoszság utálatát jelenti*" (Példabeszédek 8,13).

Ha szenvedélyesen szeretsz valakit, akkor tetszik, amit szeret, és nem tetszik, amit ő sem szeret. Nem kell, hogy legyen oka ennek. Amikor Isten gyermekei, akik megkapták a Szentlelket, bűnöket követnek el, a Szentlélek bennük nyögni fog és szenvedni. Tehát, a szívükben megpróbáltatást éreznek. Aztán rájönnek, hogy Isten utálja ezeket a dolgokat, amelyeket elkövettek, és megpróbálják nem elkövetni őket újra. Fontos, hogy még a kis gonoszságot is megszüntessék, és ne fogadjanak el többé gonoszságot egyáltalán.

Isten Igéjét terjeszd, és az imát

A gonoszság nagyon hasztalan dolog. A Példabeszédek 22,8 ezt tartalmazza: „*A ki vet álnokságot, arat nyomorúságot.*" Betegségek jöhetnek ránk, vagy a gyerekeinkre, vagy balesetet szenvedhetünk. Lehet, hogy bánatban élünk a szegénység és a családi problémák miatt. Mindezek a problémák a gonosztól származnak.

Ne tévelyegjetek, Isten nem csúfoltatik meg; mert a mit vet az ember, azt aratándja is (Galateák 6,7).

Természetesen a bajok nem jelennek meg közvetlenül a szemünk előtt. Ebben az esetben, amikor a gonosz egy bizonyos mértékig felhalmozódik, olyan problémákat okozhat, amelyek befolyásolják a gyermekeinket később. Mivel a világi emberek nem értik ezt a fajta szabályt, sok rossz dolgot követnek el, sokféleképpen.

Például úgy vélik, hogy normális, hogy bosszút állnak azokon, akik kárt okoztak nekik. De a Példabeszédek 20,22 azt mondja *"Ne mondd: bosszút állok rajta! Várjad az Urat, és megszabadít téged!"*

Isten irányítja az élet, a halál, szerencse és balszerencse kérdéseit az emberiség életében, az Ő igazsága szerint. Ezért, ha a jót tesszük, az Ige szerint, biztosan élvezzük majd a jóság gyümölcseit. Ezt ígérte a Mózes 20,6 is, amely azt mondja: *"...De irgalmasságot cselekszem ezeriziglen azokkal, a kik engem szeretnek, és az én parancsolatimat megtartják."*

Annak érdekében, hogy magunkat a gonosztól megmenthessük, meg kell gyűlölnünk a gonoszságot. Ennek tetejében, két dolgot kell bőségesen elraktároznunk, minden alkalommal. Ezek az Isten Igéje, és az imádság. Ha meditálunk az Isten Igéje fölött, éjjel-nappal, akkor elhajtjuk a gonosz gondolatokat magunktól, és a szellemi és jó gondolatokat magunkhoz irányítjuk. Azt is megértjük, hogy milyen az igaz szeretetből fakadó cselekedet.

Amint imádkozunk, még mélyebben gondolkodunk az Igéről, és rájövünk, hogy melyek a gonosz szavaink és tetteink. Amikor imádkozunk buzgón a Szentlélek segítségével, mi is uralkodni tudunk, és ki tudjuk önteni a gonoszságot a szívünkből. Gyorsan vetkőzzük le a gonoszságot az Isten Igéje és az imádság segítségével, hogy olyan életet élhessünk, amely tele van boldogsággal.

10. A szeretet nem örül a hazugságnak

Minél fejlettebb egy társadalom, annál nagyobb az esélye a tisztességes embereknek, hogy sikeresek legyenek. Éppen ellenkezőleg, a kevésbé fejlett országokban jellemzően nagyobb a korrupció, és szinte bármit meg lehet venni, és tenni a pénzzel. A korrupciót nevezzük a nemzetek betegségének, mert összefügg az országban lévő jóléttel. A korrupció és az igazságtalanság is befolyásolják az egyéni életünket, nagyon nagy mértékben. Az önző ember nem tud igazi elégedettséget érezni, mert csak magára gondol, és nem tud szeretni másokat.

Az, hogy nem örülünk a hamisságban, és nem tartjuk nyilván, azaz nem raktározzuk el az elszenvedett rosszat, nagyon hasonlít egymáshoz. „Nem emlékezni a rosszra, amit az ember elszenvedett," azt jelenti, hogy nincs semmilyen formában gonoszság a szívünkben. „Nem örülni a hamisságban" azt, hogy nem vagyunk elégedettek a szégyenletes és gyalázatos magatartással, tevékenységekkel vagy viselkedéssel, és nem veszünk részt bennük.

Tegyük fel, hogy féltékeny vagy egy barátodra, aki gazdag. Úgy tűnik, hogy mindig büszkélkedik a gazdagságával, ami nem tetszik neked. Azt is gondolod, hogy: „Annyira gazdag, de mi lesz velem? Remélem, hogy csődbe megy." Ez az, amikor gonosz dolgokon jár az agyunk. De egy nap, valaki becsapja őt, és a cége csődbe megy, egyetlen nap leforgása alatt. Ha gyönyörködsz ebben, ezt gondolva: „Büszkélkedett a vagyonával, így a jó neki!" – akkor örülsz, vagy elégedett vagy a gonoszságtól. Továbbá, ha részt veszel ebben a munkában, azt jelenti, hogy aktívan örvendezel a gonoszságtól.

Van hamisság általában, amelyről még a hitetlenek is tudják, hogy igazságtalanság. Például néhány ember felhalmozza a vagyonát, tisztességtelenül és csalással, vagy megfenyegetve másokat erővel. Meg lehet szegni a szabályokat, vagy az ország törvényeit, és elfogadni valamit cserébe, saját haszonszerzés céljából. Ha egy bíró igazságtalan ítéletet hoz, miután kézhez vette a kenőpénzt, és egy ártatlan embert megbüntet, ez hamisság mindenki előtt. Azt jelenti, hogy visszaél a hatalmával, mint bíró.

Ha valaki elad valamit, csalhat a mennyiség vagy a minőség tekintetében. Olcsó és alacsony minőségű alapanyagot használ azért, hogy szert tegyen indokolatlan nyereségre. Nem gondol másokra, csak a saját rövid távú hasznára. Tudja, mi a helyes, de nem haboz csalni, mert örvendezik az igazságtalanul szerzett pénznek. Vannak ugyanis sokan olyanok, akik csalnak azért, hogy igazságtalan nyereséghez jussanak. De mi lesz velünk? Mondhatjuk, hogy tiszták vagyunk?

Tegyük fel, hogy valami olyasmi történik, mint a következő történetben. Civil munkás vagy, és megtudod, hogy az egyik közeli barátod nagy mennyiségű pénzt keres illegálisan, valamilyen üzlettel. Ha elkapják, akkor keményen megbüntetik, és ez a barát egy nagy mennyiségű pénzt ad neked, hogy maradj csendben, és hagyd őt figyelmen kívül egy darabig. Azt mondja, hogy egy még nagyobb összeget ad neked később. Ugyanekkor a családod is vészhelyzetbe kerül, és szüksége lesz egy ilyen nagy összegre. Nos, mit tennél?

Képzeljünk el egy másik helyzetet. Egy nap, leellenőrzöd a bankszámládat, és több pénzt találsz, mint amennyid volt. Azt az összeget, amelyet le kellett vonni adóba, nem vonták le. Ebben az esetben, hogyan reagálsz? Azt hiszed, örülve, hogy az ő hibájuk, és nem a te dolgod?

A 2 Krónikák 19,7 ezt tartalmazza: *„Azért az Úr félelme legyen rajtatok, vigyázzatok [arra,] a mit tesztek; mert az Úrnál, a mi Istenünknél nincsen hamisság, sem személyválogatás, sem ajándékvétel."* Isten igazságos, és nem hamis, egyáltalán. Lehet, hogy az emberek tekintete elől el tudunk bújni, de nem tudjuk becsapni Istent. Istenfélelemmel, a helyes utat kell követnünk, becsülettel.

Vegyük Ábrahám esetét. Amikor unokaöccsét, Sodomát elfogták egy háborúban, Ábrahám visszaszerezte nemcsak az unokaöccsét, hanem az embereket is, akiket elfogtak, és a javaikat is. Sodoma királya meg akarta mutatni a megbecsülését azzal, hogy visszaadta Ábrahámnak azokat a dolgokat, amelyeket a királynak visszahozott, de Ábrahám nem fogadta el.

És monda Ábrám Sodoma királyának: Felemeltem az én kezemet az Úrhoz, a Magasságos Istenhez, ég és föld teremtőjéhez: Hogy én egy fonalszálat, vagy egy sarukötőt sem veszek el mindabból, a mi a tiéd, hogy ne mondjad: Én gazdagítottam meg Ábrámot (Genezis 14,22-23).

Amikor a felesége, Sára meghalt, a föld tulajdonosa földet ajánlott fel neki a temetkezésre, de ő nem fogadta el. Csak kifizette a valós árat. Azért, hogy ne legyen semmilyen vita a jövőben a földről. Azt tette, amit tett, mert becsületes ember volt, aki nem akart meg nem érdemelt nyereséget, vagy igazságtalan profitot kapni. Ha pénzt akart volna keresni, megtette volna azt, ami nyereséges volt neki.

Azok, akik szeretik Istent, és Isten szereti őket, soha senkit nem fognak bántani, vagy keresni a saját javukat törvénysértő módon. Nem várnak semmi többet, mint amit megérdemelnek a becsületes munkájukkal. Azokban, akik örvendeznek a hamisságban, nincsen szeretet az Isten, vagy a szomszédaik iránt.

Hamisság Isten szemében

Az Úrban történő hamisság egy kicsit más, mint az általános összefüggés szerinti hamisság. Nem csak arról szól, hogy megsértik a törvényt, és kárt okoznak másoknak, de minden, ami Isten Igéje ellen van, ide tartozik. Amikor a gonoszság előjön a szívből, sajátos formában, ez bűn és igazságtalanság. A sok bűn között, az igazságtalanság főleg a test dolgaira vonatkozik.

Azaz, a gyűlölet, az irigység, a féltékenység, és más rossz dolgok a szívben megvalósulnak a veszekedés, viszály, erőszak, csalás, vagy gyilkosság révén. A Biblia azt mondja, hogy ha megtesszük a gonoszságot, nehéz lesz üdvözülnünk.

Az 1 Korinthusiak 6,9-10 ezt mondja: *„Avagy nem tudjátok-é, hogy igazságtalanok nem örökölhetik Istennek országát? Ne tévelyegjetek; se paráznák, se bálványimádók, se házasságtörők, se pulyák, se férfiszeplősítők, Se lopók, se telhetetlenek, se részegesek, se szidalmazók, se ragadozók nem örökölhetik Isten országát."*

Ákán az egyik olyan ember, aki szerette a gonoszságot, ezért végül tönkrement. A második generációs Exodus tagja volt, és gyermekkora óta látta és hallotta a dolgokat, amelyeket Isten tett a népéért. Látta a felhőoszlopot a nap folyamán, és a tűzoszlopot éjjel, amely vezette őket. Látta, hogy az árvíz a Jordán folyón megszűnik, és a bevehetetlen Jerikó elesik egyetlen pillanat alatt. Azt is nagyon jól tudta, hogy a vezető Joshua megparancsolta, hogy senki sem vehet el semmit, ami Jerikó városában volt, mert fel akartak ajánlani mindent Istennek.

De abban a pillanatban, amikor meglátta a dolgokat, amelyek Jerikóban voltak, elvesztette az eszméletét a kapzsiság miatt. Miután száraz életét élt hosszú ideig a pusztában, a dolgok a városban annyira szépek voltak neki. Abban a pillanatban, amikor meglátta a szép kabátot és az arany-és ezüstdarabokat, elfelejtette az Isten Igéjét és Józsué parancsát, és elrejtette őket magának.

Ákán bűnének köszönhetően azzal, hogy megszegte az Isten parancsát, Izrael sok áldozatot hozott a következő csatában. A gonoszsága kiderült a veszteségek által, és őt és a családját is halálra követték. A kövek egy halomba kerültek, és ennek a helynek a neve az Akor völgye.

A Számok 22-24-ben Bálám egy olyan ember volt, aki tudott kommunikálni Istennel. Egy nap Bálák, Moáb királya kérte őt, hogy átkozza meg Izrael népét. Tehát Isten azt mondta Bálámnak: *„Ne menj el ő velök, ne átkozd meg azt a népet, mert áldott az"* (Számok 22,12).

Miután meghallgatta Isten Igéjét, Bálám nem volt hajlandó válaszolni Moáb királyának kérésére. De amikor a király küldött neki aranyat, ezüstöt és sok kincset, az elméje megrendült. A végén a szemét elvakította a sok kincs, és megtanította a királyt, hogyan hozzanak létre egy csapdát Izrael népének. Mi volt az eredmény? Izráel fiai megették az ételt, amit a bálványoknak feláldoztak, és paráználkodtak, ezáltal nagy nyomorúság szállt rájuk, és Bálámot végül megölte a kard. Ez annak volt az eredménye, hogy túlságosan szerették az igazságtalan nyereséget.

Az igazságtalanság közvetlenül kapcsolódik a megváltáshoz az Isten előtt. Ha azt látjuk, hogy a testvéreink a hitben hamisságban járnak, mint a világi hitetlenek, mit kellene tennünk? Persze, meg kell gyászolni őket, imádkoznunk kell értük, és segíteni nekik, hogy az Ige szerint éljenek. De van olyan hívő, aki irigyli ezeket az embereket, ezt gondolva: „én is szeretnék egy könnyebb és kényelmesebb keresztény életet élni, mint ők." Továbbá, ha részt veszel velük ebben, nem mondhatjuk, hogy szereted az Urat.

Jézus, aki ártatlan volt, meghalt a kereszten értünk, akik hamisak vagyunk, hogy elvezessen ezzel bennünket Istenhez (1 Péter 3,18). Mint az Úr nagy szerelmére rájövünk, soha nem szabad örülnünk a gonoszságban. Azok, akik nem örülnek a gonoszságnak, nem csak elkerülik a hamisságnak gyakorlását, de aktívan élik meg az Isten Igéjét. Az Úr barátaivá válhatnak, és virágzó életet élhetnek (János 15,14).

11. A szeretet örül az igazságnak

János, Jézus tizenkét tanítványának egyike, megmenekült attól, hogy mártírhalált haljon, és élt haláláig terjesztette a Jézus Krisztus evangéliumát és Isten akaratát sok embernek. Az egyik dolog, amit élvezett az utolsó éveiben az volt, amikor hallotta, hogy a hívők megpróbáltak Isten Igéje, az igazság szerint élni.

Ezt mondta: *„Mert felettébb örültem, a mikor atyafiak jöttek és bizonyságot tettek a te igazságodról, úgy, a mint te az igazságban jársz. Nincs annál nagyobb örömem, mintha hallom, hogy az én gyermekeim az igazságban járnak"* (3 János 1,3-4).

Láthatjuk, mennyi öröm volt benne a kifejezésből: „nincs annál nagyobb örömem." Régen, mivel forrófejű volt, a mennydörgés fiának hívták, amikor fiatal volt, de miután megváltozott, a szeretet apostolának nevezték.

Ha szeretjük Istent, nem fogjuk a gonoszságot gyakorolni, továbbá az igazságot fogjuk gyakorolni. Örülni fogunk, az igazság tudatával. Az igazság Jézus Krisztusra utal, az evangéliumra, és a Biblia hatvanhat könyvére. Azok, akik szeretik Istent, és akiket szeret Ő, minden bizonnyal örülnek Jézus Krisztussal és az evangéliummal. Akkor örülnek, ha az Isten országa bővül. Mit jelent ez az öröm az igazságban?

Először: az „evangéliumban" örvendeni.

Az „evangélium" az a jó hír, hogy Jézus Krisztus megmentett

bennünket, és a mennyei királyságba jutunk. Sokan keresik az igazságot, olyan kérdéseket feltéve, mint: „Mi az élet célja? Mi az értékes élet?" Ahhoz, hogy a választ ezekre a kérdésekre megkapják, az emberek elméleteket és filozófiát tanulnak, vagy a különböző vallásokban keresik a válaszokat. De az igazság Jézus Krisztus, és senki nem mehet a mennybe Jézus Krisztus nélkül. Ezért, Jézus azt mondta „*Én vagyok az út, az igazság és az élet; senki sem mehet az Atyához, hanemha én általam*" (János 14,6).

Üdvösséget és örök életet szereztünk Jézus Krisztus elfogadásával. Megbocsátják a bűneinket az Úr vére által, és a pokolból a mennybe kerülhetünk. Már értjük az élet értelmét, és értékes életet élünk. Ezért nagyon természetes, hogy örülünk az evangéliummal. Azok, akik örülnek az evangéliummal, szorgalmasan terjesztik másoknak is. Teljesítik az Istentől kapott feladataikat, és hűen terjesztik az evangéliumot. Örülnek, ha a lelkek meghallják az evangéliumot, és üdvösséget nyernek azzal, hogy elfogadják azt. Örülnek, ha az Isten országa kibővült „*A ki azt akarja, hogy minden ember idvezüljön és az igazság ismeretére eljusson*" (1 Timóteus 2,4).

Vannak olyan hívők azonban, akik féltékenyek másokra, ha sok embert evangelizálnak, és jó gyümölcsöt teremnek. Néhány egyház féltékeny lesz más egyházakra, amikor azok növekednek, és dicsőséget adnak Istennek. Ez nem egyenlő azzal, hogy örülnek az igazsággal. Ha van lelki szeretet a szívünkben, örülni fogunk, amikor azt látjuk, hogy Isten országát nagyban megalkotják. Együtt fogunk örülni, amikor egy templomot látunk, amely egyre nő, és Isten szereti. Azt jelenti, hogy örvendezünk az igazságban, ami ugyanaz, mint örvendezni az evangéliumnak.

Másodszor, örülni az igazsággal azt jelenti, hogy örülünk mindennek, ami az igazsághoz tartozik.

Azt jelenti, hogy örvendezünk, ha látjuk, halljuk, és megtesszük azokat a dolgokat, amelyek az igazsághoz tartoznak, mint a jóság, a szeretet és az igazságosság. Azok, akik örülnek az igazságnak, meghatódnak és könnyeznek, ha jó cselekedetekről hallanak. Azt vallják, hogy Isten Igéje az igazság, és édesebb, mint a méz a lépben. Örvendeznek, ha hallgatják a prédikációkat, és olvashatják a Bibliát. Továbbá örülnek, ha gyakorolhatják Isten Igéjét. Örömmel engedelmeskednek az Isten Igéjének, amely azt mondja, hogy „szolgálni, megérteni és megbocsátani" kell még azoknak is, akik nehézségeket okoznak nekünk.

Dávid szerette Istent, és meg akarta építeni Isten templomát. De Isten nem hagyta. Ennek oka az 1 Krónika 28,3-ban: *„Ne [te] csinálj házat az én nevemnek; mert hadakozó ember vagy, [sok] vért is ontottál [immár.]"* Elkerülhetetlen volt Dávid számára a vérontás, mert sok háborúban volt már, de Isten szemében Dávid nem volt megfelelő erre a feladatra.

Dávid nem tudott saját maga templomot építeni, de minden építési anyagot előkészített, így a fia, Salamon már tudott építeni. Minden erejével készült, és már ez is túláradóan boldoggá tette őt. *„És örvendeze a sokaság, hogy szabad akaratjokból adának; mert tiszta szívökből adakozának az Úrnak; Dávid király is nagy örömmel örvendezett"* (1 Krónikák 29,9).

Nem féltékenyek. Elképzelhetetlen számukra, hogy rossz dolgokat gondoljanak, mint: „valami mégis jó lenne, ha rosszul menne neki," illetve, hogy elégedettséget érezzenek azért, mert a többi ember boldogtalan. Amikor valami igazságtalanságot látnak, gyászolnak miatta. Továbbá azok, akik örülnek az igazságban, képesek szeretni a jóságot, állhatatos szívvel, hitelességgel és tisztességgel. Örülnek, jó szavakkal, és jó cselekedetekkel. Isten is örül nekik, örömkiáltásokkal, ahogy Sofóniás 3,17-ben látjuk: „*Az Úr, a te Istened közötted van; erős ő, megtart; örül te rajtad örömmel, hallgat az ő szerelmében, énekléssel örvendez néked.*"

Még ha nem is tudsz örülni az igazsággal minden alkalommal, nem szabad elkeseredned, vagy csalódottnak lenned. Ha megpróbálod a tőled telhető legjobbat, a szeretet Istene úgy ítéli meg, hogy „örülsz az igazsággal."

Harmadszor, örvendezni az igazságban annyit jelent, hogy elhiszed Isten Igéjét, és próbálod gyakorlatba ültetni.

Ritkaság, hogy olyan személyt találjunk, aki örül az igazságnak, elejétől kezdve. Ha sötétség és hazugság van bennünk, gonosz dolgokat gondolhatunk, vagy örülhetünk a hamisságnak is. Azonban, ha megváltozunk kis lépésekben, és kiküszöböljük a hamisságot a szívünkből, teljesen tudunk majd örülni az igazságnak. Addig is, keményen próbálkoznunk kell mindezzel.

Például, nem mindenki érzi úgy, hogy boldog, ha részt vehet az istentiszteleteken. Új hívők vagy a gyenge hittel rendelkezők lehet, hogy fáradtnak érzik magukat, vagy a szívük valahol máshol van. Lehet, hogy csodálkoznak a baseball játék eredményén, vagy talán ódzkodnak az üzleti tárgyalásuktól, amely a következő napon fog történni.

A szentély meglátogatása, és az istentiszteleten való részvétel egy erőfeszítés, amellyel próbálunk engedelmeskedni Isten

Igéjének. Meg örvendezni az igazsággal. Miért próbáljuk ily módon? Mert üdvösséget nyerünk, és a mennybe jutunk. Mivel hallottuk az Igét, és hiszünk Istenben, azt is elhisszük, hogy van ítélet, és hogy van Mennyország és Pokol. Mivel tudjuk, hogy különböző jutalmak vannak a mennyben, igyekszünk még szorgalmasabban megszentelté válni, és hűen dolgozni Isten teljes házában. Bár lehet, hogy nem száz százalékban örülünk az igazságnak, ha a hitünk mértéke szerint a legjobbat próbáljuk kihozni magunkból, azt jelenti, hogy az igazságban örülünk.

Éhség, és az igazság utáni szomjúság

Csak az igazság ad nekünk örök életet, és változtathat meg minket teljesen. Ha halljuk az igazságot, azaz az evangéliumot, és gyakoroljuk, akkor örök életet nyerünk, és Isten igaz gyermekei leszünk. Mivel tele vagyunk a mennyei királyság iránti reménységgel és lelki szeretettel, az arcunk ragyog a boldogságtól. Továbbá olyan mértékben, amennyire megváltoztunk az igazságtól, boldogok leszünk, mert szeret és megáld bennünket az Isten, és minket is sokan szeretnek.

Örülni kell az igazságban, minden alkalommal, továbbá, éhezni kell a szomjúságot és az igazságot. Ha éhezünk és szomjazunk, ételt és italt akarunk. Ha vágyunk az igazságra, sokáig és komolyan kell tennünk, hogy gyorsan átváltozzunk az igazság emberévé. Olyan életet kell élnünk, hogy mindig az igazságot együk és igyuk. Mi az, hogy az igazságot esszük és isszuk? Az, hogy Isten Igéjét, az igazságot megtartjuk a szívünkben, és gyakoroljuk.

Ha valaki előtt állunk, akit nagyon szeretünk, nehéz elrejteni a boldogságot az arcunkon. Ugyanez van, ha szeretjük Istent. Most nem tudunk Isten előtt állni szemtől szemben, de ha valóban szeretjük Istent, akkor megmutatjuk ezt kívülről. Azaz, ha csak látunk vagy hallunk valamit az igazságról, boldogok leszünk. A boldog arcunkat nem veszik észre az emberek körülöttünk. Hálaadással fogunk könnyezni, csak ha az Istenre gondolunk, és a szívünket megérinti a jóság kis cselekedete is.

A jóság könnyei, mint a köszönet és a gyász könnyei, amikor más lelkeket gyászolunk, szép ékszerek lesznek később, amelyekkel kidíszítjük mindannyian a házunkat a mennyben. Örüljünk együtt az igazságban, hogy az életünk bizonyíték legyen arra, hogy minket is szeret Isten.

A lelki szeretet jellemzői II

6. Nem viselkedik illetlenül

7. Nem keresi a saját hasznát

8. Nem lehet provokálni

9. Nem tartja számon az elszenvedett rosszat

10. Nem örül a hamisságnak

11. Örül az igazságnak

12. A szeretet mindent elbír

Amikor elfogadjuk a Jézus Krisztust, és az Ige szerint próbálunk élni, sok mindent el kell viselnünk. El kell viselnünk a provokatív helyzeteket. Önkontrollt kell gyakorolnunk a hajlamunk fölött, hogy a saját vágyainkat kövessük. Ezért a szeretet első jellemzője az, hogy türelmes.

A türelem azt jelenti, hogy valaki saját magával küzd, annak érdekében, hogy a szívében lévő hamisságtól megszabaduljon. „Mindent elbírni" szélesebb jelentéssel bír. Miután a türelmünk által az igazságot gyakoroljuk a szívünkben, minden fájdalmat el kell hogy viseljünk, ami az utunkba kerül mások miatt. Különösen, el kell viselnünk mindent, ami nem felel meg a lelki szeretetnek.

Jézus azért jött a világra, hogy a bűnösöket megmentse, és hogyan bántak vele az emberek? Keresztre feszítették. Jézus mindezt elviselte, és közbenjáró imát ajánlott fel értük, állandóan. Imádkozott értük, mondván: „*Atyám! bocsásd meg nékik; mert nem tudják mit cselekesznek*" (Lukács 23,34).

Mi volt az eredménye Jézus tűrésének, és annak, hogy mindent eltűrt az embereknek? Bárki, aki elfogadja Jézust, mint személyes Megváltóját, üdvösséget nyer, és az Isten gyermeke lesz. Megszabadultunk a haláltól, és átkerültünk az örök életbe.

Egy koreai mondás ezt tartja: „Törj össze egy baltát, hogy egy tűt nyerj." Ez azt jelenti, hogy türelemmel és kitartással bármilyen nehéz feladatot meg tudunk oldani. Mennyi időt és energiát venne igénybe egy acélbalta felőrlése, hogy egy hegyes tűt

nyerjünk? Úgy tűnik, hogy lehetetlen feladat, és felmerül a kérdés: „Miért ne adnánk el a fejszét, hogy tűt vásároljunk?"
De Isten készségesen magára vett egy ilyen fáradságos munkát, mert ő az Úr a lelkünkben. Isten nehezen gerjed haragra, és mindig megmutatja nekünk az irgalmasságot és kegyelmet csak azért, mert szeret minket. Ő alakítja és fényesíti az embereket annak ellenére, hogy a szívük olyan edzett, mint az acél. Azt várja, hogy minden ember az Ő gyermekévé váljon, annak ellenére, hogy nem mindenkinek van meg az esélye, azzá váljon.

A megrepedezett nádat nem töri el, és a pislogó gyertyabelet nem oltja ki, mígnem diadalomra viszi az ítéletet (Máté 12,20).

I cannot put up with you anymore," then, how many people will be saved? Még ma is, Isten elviseli a fájdalmat, amit az emberek cselekedetei okoznak Neki, és vár minket, örömmel. Türelmes az emberekkel, várva, hogy megváltozzanak a jóságban, annak ellenére, hogy évezredek óta a gonoszságban járnak. Annak ellenére, hogy hátat fordítottak Istennek és bálványoknak szolgáltak, Isten megmutatta nekik, hogy Ő az igaz Isten, és elviselte őket hittel. Ha Isten azt mondja: „Tele vagy igazságtalansággal, és javíthatatlan vagy. Nem tudlak elviselni többé," akkor hány ember kap üdvösséget?

Amint látjuk a Jeremiás 31,3-ban: *„Messzünnen [is] megjelent nékem az Úr, mert örökkévaló szeretettel szerettelek téged, azért terjesztettem reád az én irgalmasságomat,"* Isten örök, végtelen szeretetet ad nekünk.

A szolgálatom alatt, mint lelkész egy nagy templomban, képes voltam megérteni Isten türelmét bizonyos mértékig. Voltak, akik tele voltak vétkekkel vagy hiányosságokkal, de mivel éreztem Isten szívét, mindig a hit szemével néztem őket, hogy egy nap megváltoznak majd, és dicsőséget adnak az Istennek. Mivel türelmes voltam velük újra és újra, és volt hitem bennük, sok egyháztagból lett jó vezető.

Minden egyes alkalommal, képes voltam elfelejteni, hogy mennyit tűrtem nekik, és úgy érzem, hogy egyetlen pillanat volt az egész. A 2 Péter 3,8 ezt rögzíti: *„Ez az egy azonban ne legyen elrejtve előttetek, szeretteim, hogy egy nap az Úrnál olyan, mint ezer esztendő, és ezer esztendő mint egy nap,"* és meg tudtam érteni, mit jelent ez a részlet. Isten minden dolgot hosszú ideig elvisel, és mégis: egy röpke pillanatnak tartja ezeket. Vegyük észre: ez az Isten szeretete, és ezzel együtt, szeressünk mindenkit magunk körül.

13. A szeretet mindent elhisz

Ha igazán szeretsz valakit, akkor mindent elhiszel ennek a személynek. Akkor is, ha a másik személynek van néhány hiányossága, akkor is megpróbálsz hinni neki. A férjet és a feleséget a szeretet köti össze. Ha egy házaspárban nincs szeretet, ez azt jelenti, hogy nem bíznak egymásban, így veszekednek állandóan mindenen, és kétségeik vannak mindennel kapcsolatban, ami a házastársukra vonatkozik. Súlyos esetekben a hűtlenség téveszméit feltételezik, amivel egymásnak testi és lelki fájdalmat okoznak. Ha igazán szeretik egymást, bíznak egymásban, és úgy gondolják, hogy a házastársuk jó ember, és előbb-utóbb minden rendben lesz. Aztán, ahogy elhitték, a házastársuk kiváló lesz a saját területén, vagy sikerül neki, amit csinál.

A bizalom és a hit lehet a fokmérője a szeretet erejének. Ezért az, hogy Istenben teljesen hiszünk, azt jelenti, hogy teljesen szeretjük Őt. Ábrahám, a hit atyja, Isten barátja volt. Habozás nélkül meghallgatta Isten parancsát, aki azt mondta neki, hogy ajánlja fel az egyetlen fiát, Izsákot. Képes volt erre, mert teljesen hitt Istenben. Isten látta Ábrahám hitét, és elismerte a szeretetét.

A szerelem azt jelenti: hiszünk. Azok, akik teljesen szeretik Istent, hisznek Benne teljesen. Úgy vélik, Isten minden szava száz százalékban igaz. És mivel hisznek, mindent elviselnek. Ahhoz, hogy elviseljük a dolgokat, amelyek a szeretet ellen vannak, hinnünk kell. Azaz, csak ha Isten minden szavát elhisszük, reménykedhetünk, és csak ha körülmetéljük a szívünket, szabadulhatunk meg mindentől, ami a szeretet ellen van.

Természetesen szigorúan véve ez nem azt jelenti, hogy a kezdetektől fogva hittünk Istenben. Isten előbb szeretett minket, és ha ebben hiszünk, szeretni fogjuk Istent. Hogyan szeretett Isten minket? Kíméletlenül feláldozta az egyszülött Fiát értünk, akik bűnösök vagyunk, hogy megnyissa az utat az üdvösségünk előtt.

Először is: ha elhisszük ezt a tényt, akkor szeretni fogjuk Istent, de ha teljesen a lelki szeretetet műveljük, elérjük azt a szintet, ahol teljesen hiszünk, mert szeretünk. Lelki szeretetet művelni teljesen azt jelenti, hogy már levetettük az összes valótlanságot a szívünkben. Ha nincs hamisság a szívünkben, akkor lelki hitet kapunk felülről, amivel a szívünk mélyéről tudunk hinni. Soha nem lesznek kétségeink Isten Igéjében, és az Istenbe vetett bizalmunkat soha nem lehet megrendíteni majd. Ha lelki szeretetet ápolunk magunkban teljesen, akkor hinni fogunk mindenkinek. Nem azért, mert az emberek megbízhatóak, hanem, ha tele vannak gonoszsággal, és számos hiányosságuk van, a hit szemével nézzük őket.

Minden fajta embernek hinnünk kell. Hinnünk kell magunkban is. Annak ellenére, hogy sok a hiányosságunk, hinnünk kell Istenben, aki meg fog változtatni minket, és meg kell néznünk magunkat a hit szemével, hogy hamarosan megváltozzunk. A Szentlélek mindig azt mondja a szívünkben: „Meg tudod tenni. Segíteni fogok neked." Ha elhiszed ezt a szeretetet, és ezt vallod: „meg tudom tenni, meg tudok változni," akkor Isten el fogja végezni, a gyónásod és a hited alapján. Milyen szép dolog hinni!

Isten is hisz bennünk. Azt hiszi, hogy mindannyian megszerezzük az Ő szeretetét, és az üdvösség útjára térünk. Mivel mindannyiunkat a hit szemével nézett, kíméletlenül feláldozta az egyszülött Fiát, Jézust a kereszten értünk. Isten úgy véli, hogy még azok is, akik nem hisznek Benne, üdvözülni fognak, és az Ő oldalára kerülnek. Úgy véli, hogy azok, akik éppen elfogadták Őt, meg fognak változni, és olyan gyerekekké válnak, akik hasonlítanak Rá, nagyon nagy mértékben. Higgyünk bármilyen személynek, aki ilyen szeretettel szereti az Istent.

14. A szeretet mindent remél

Azt mondják, a következő szavakat írták a Westminster Abbey egyik sírkövére az Egyesült Királyságban: „Ifjúságom idején meg akartam változtatni a világot, de nem sikerült. Középkoromban megpróbáltam megváltoztatni a családomat, de nem sikerült. Csak a halálom előtt jöttem rá, hogy megváltoztathattam volna ezeket a dolgokat, ha én magam megváltoztam volna."

Általában az emberek próbálnak megváltoztatni másokat, ha nem tetszik valami nekik a másik személyben. Azonban szinte lehetetlen megváltoztatni az embereket. Egyes házaspárok olyan jelentéktelen ügyekben veszekednek, mint az, hogy a fogkrémet melyik feléről kellene kinyomni a tubusnak, felülről vagy alulról. Először meg kell változtatnunk magunkat, mielőtt megpróbálunk megváltoztatni másokat. És akkor, az irántuk érzett szeretettel, megvárhatjuk, hogy mások megváltozzanak, őszintén remélve, hogy valóban ezt teszik majd.

Mindent remélni annyit jelent, hogy megvárjuk, hogy minden dolog, amire vágyunk, valóra váljon. Azaz, ha szeretjük Istent, Isten minden Igéjét elhisszük, és reméljük, hogy minden meg fog történni az Ő Igéjének megfelelően. Reménykedünk azokban a napokban, amikor megosztja velünk a szerető Atya Isten örökre a gyönyörű mennyei királyságot. Ez az oka annak, hogy elviseljük a dolgokat, hogy hittel futhassuk a versenyünket. De mi van, ha nincs remény?

Azok, akik nem hisznek Istenben, nem reménykedhetnek a mennyei királyságban. Ezért csak a vágyaik szerint élnek, mert nincs reményük a jövőre nézve. Igyekeznek minél több dolgot megnyerni maguknak, és küzdenek, hogy a kapzsiságukat kielégítsék. Nem számít, hogy mijük van, és mit élveznek ebből, nem tudnak valódi elégedettséget érezni. Élik az életüket, és félnek a jövőtől.

Másrészt azok, akik hisznek Istenben, mindenben reménykednek, így a keskeny utat választják. Miért mondjuk, hogy keskeny út? Azt jelenti, hogy a hitetlenek számára keskeny. Ahogy elfogadjuk Jézus Krisztust, és Isten gyermekeivé válunk, a templomba járunk minden vasárnap, részt veszünk az istentiszteleteken anélkül, hogy bármilyen világi örömben részt vennénk. Dolgozunk az Isten országáért önkéntes munkával, és imádkozunk, hogy az Isten Igéje szerint éljünk. Ezeket a dolgokat nehéz megtenni hit nélkül, és ezért azt mondjuk, hogy keskeny ez az út.

Az 1 Korinthusiak 15,19-ben Pál apostol ezt mondja: *"Ha csak ebben az életben reménykedünk a Krisztusban, minden embernél nyomorultabbak vagyunk."* Testi, húsbeli értelemben a tűrésben és kemény munkában eltöltött élet terhesnek látszik. De ha reménykedünk mindenben, boldogabbak leszünk, mint bármilyen más módon. Ha azokkal vagyunk, akiket szeretünk, akkor boldogok leszünk még egy kopott házban is. És ha arra a tényre gondolunk, hogy a drága Úrral fogunk élni örökre a mennyben, milyen boldogok leszünk! Izgatottak és boldogok leszünk, csak ha gondolunk erre. Ily módon, igaz szeretettel és állhatatossággal várunk, és reménykedünk, amíg minden, amiben hiszünk, valóra válik.

Mindenre a hitben várakozni nagyon erőteljes dolog. Például, tegyük fel, hogy az egyik gyereked tévútra megy, és nem tanul egyáltalán. Még ez a gyermek is, ha hiszel benne, mondván, hogy bármit meg tud tenni, és a remény pillantásával nézel rá, sugallva, hogy meg fog változni, valóban meg tud változni, és jó gyerek válhat belőle bármikor. A szülők hite a gyermekekben ösztönözni fogja a gyerekek önbizalmát. Azok a gyerekek, akiknek van önbizalma, elhiszik, hogy bármire képesek, és képesek lesznek leküzdeni a nehézségeket, és ez a hozzáállás valóban befolyásolja a tanulmányi teljesítményüket.

Ez ugyanaz, mint amikor gondoskodunk a lelkekről a templomban. Mindenesetre nem szabad elsietett következtetéseket levonni senkiről sem. Nem szabad ezt gondolnunk: „Úgy tűnik, nagyon nehéz neki, hogy megváltozzon," vagy „még mindig ugyanaz a személy, nem tud változni." Mindenkire a remény szemével kell néznünk, hogy hamarosan meg fog változni, és hogy elolvad az Isten szeretetétől. Továbbra is imádkoznunk kell értük, és ösztönöznünk kell őket, ezt mondva: „Meg tudod tenni!"

15. A szeretet mindent eltűr

Az 1 Korinthusiak 13,7 ezt tartalmazza: *"Mindent elfedez, mindent hiszen, mindent remél, mindent eltűr."* Ha szeretsz, mindent el tudsz viselni. Mit jelent az „elviselni" szó? Ha elviseljük azokat a dolgokat, amelyek nem felelnek meg a szeretetnek, ennek következményei lesznek. Ha szél van a tavon vagy tengeren, hullámok keletkeznek. Még azután is, hogy a szél eláll, marad némi kis hullám még. Még ha el is viseljük az összes dolgot, ezzel még nem lesz végük. Lesz néhány utóhatásuk is.

Például Jézus ezt mondta a Máté 5,39-ben: *"Ne álljatok ellene a gonosznak, hanem a ki arczul üt téged jobb felől, fordítsd felé a másik orczádat is."* Mint látjuk, akkor is, ha valaki megüt, nem harcolni kell, csak elviselni. Ezzel vége lenne? Nem, hiszen lesznek utóhatások is. Lesz fájdalom. Az arcod fájni fog, de a fájdalom, amit a szívedben érzel majd, nagyobb lesz. Persze, az emberek különböző okok miatt éreznek fájdalmat a szívükben. Vannak, akik azért, mert azt hiszik, hogy ok nélkül ütötték meg őket, és dühösek emiatt. De megint mások azért érzik a fájdalmat a szívükben, mert a másik személyt feldühítették. Néhányan úgy érzik, sajnálják a bátyjukat, aki nem tudja visszatartani a dühét, és kifejezi fizikailag, ahelyett, hogy egy sokkal konstruktívabb és megfelelőbb módon tenné.

Valami eltűrésének az utóhatása külső körülményként is megjelenhet. Például, ha valaki megcsapott az arcod jobb oldalán, a másikat is oda kell fordítanod az Ige szerint. Megüti a bal orcádat is. Elviseled ezt, mert a Bibliát követed, de a helyzet eszkalálódik, és úgy tűnik, hogy valójában egyre rosszabb.

Ez volt a helyzet Dániellel. Nem kötött kompromisszumot akkor sem, amikor megtudta, hogy az oroszlánok barlangjába dobják. Mivel szerette Istent, soha nem szűnt meg imádkozni, az életveszélyes helyzetekben sem. Továbbá, nem volt gonosz azokkal szemben sem, akik megpróbálták megölni. Szóval, megváltozott számára mindent azért, mert szem előtt tartotta az Isten Igéjét? Nem, mert az oroszlán barlangjába vetették!

The providence of God is such that we come forth as true children of God through trials. Lehet, hogy azt gondoljuk, hogy az összes erőpróba és teszt megszűnik, ha elviseljük a dolgokat, amelyek nem felelnek meg a szeretetnek. Akkor mi az oka annak, hogy a próbák még mindig bekövetkeznek? Ez az Isten gondviselése, hogy tökéletessé alakítson bennünket, és csodálatos áldást adjon nekünk. A mezők egészséges és erős termést hoznak, ha elviselik az esőt, a szelet és a perzselő napsütést. Isten gondviselése olyan, hogy a próbák által Isten igaz gyermekeiként jelenünk mag a végén.

A megpróbáltatások áldást képviselnek

Az ellenség ördög és Sátán megzavarják Isten gyermekeinek az életét, amikor megpróbálnak a Fényben lakozni. A Sátán mindig megpróbálja megtalálni az összes lehetséges okot arra, hogy megvádolja az embereket, és ha egy kis hibát talál bennük, ténylegesen megvádolja őket. Ilyen például, ha valaki rosszat cselekszik veled, és te látszólag, kívülről elviseled ezt, de rossz érzéseket táplálsz magadban belül. Az ellenség ördög és Sátán megvádol ezekért az érzésekért. Isten meg kell hogy engedje a vizsgákat a vád miatt. Amíg el nem ismerik rólunk, hogy nincs gonoszság a szívünkben, nem lesz úgynevezett „finomításerőpróba" a részünkre. Természetesen, még miután levetettünk minden bűnt, és teljesen megszentelné válunk, még ekkor is jöhetnek próbák. Ez a fajta erőpróba lehetővé teszi, hogy nagyobb áldást kapjunk. Ezzel nem csak megmaradunk azon a szinten, hogy nincs rossz bennünk, de nagyobb szeretetet és tökéletesebb jóságot művelhetünk úgy, hogy nem lesz rajtunk folt vagy hiba.

Ez nem csak a személyes áldások miatt van, ugyanez az elv érvényes, ha megpróbáljuk elérni az Isten országát. Ahhoz, hogy Isten nagy dolgokat mutasson nekünk, az igazságosság skáláján nagyon magas mértéknek kell megfelelnünk. Azzal, hogy nagy hitet és a szeretet tetteit mutatjuk, be kell bizonyítanunk, hogy megvan a jó edényünk, amibe megkaphatjuk a választ, és hogy az ellenséges ördög nem ellenzi azt.

Tehát, Isten néha megengedi, hogy megpróbáljanak bennünket. Ha elviselünk mindent jósággal és szeretettel, Isten lehetővé teszi számunkra, hogy dicsőséget adjunk Neki, nagyobb győzelemmel, és még nagyobb jutalommal. Különösen, ha leküzdöd az üldöztetéseket és a nehézségeket az Úr kedvéért, akkor biztosan nagy áldásokat kapsz majd. *„Boldogok vagytok, ha szidalmaznak és háborgatnak titeket és minden gonosz hazugságot mondanak ellenetek én érettem. Örüljetek és örvendezzetek, mert a ti jutalmatok bőséges a mennyekben: mert így háborgatták a prófétákat is, a kik előttetek voltak"* (Máté 5,11-12).

Tűrni, hinni, remélni és elviselni – mindent

Ha minden dolgot elhiszel, és reméled, hogy minden beteljesedik egyszer, bármilyen erőpróbát képes leszel leküzdeni. Akkor, konkrétan hogyan kéne hinnünk, reménykednünk, és elviselnünk mindent?

Először is, el kell hinni Isten szeretetét végig, sőt a nehézségek alatt is.

Az 1 Péter 1,7 ezt mondja: *Hogy a ti kipróbált hitetek, a mi sokkal becsesebb a veszendő, de tűz által kipróbált aranynál, dícséretre, tisztességre és dicsőségre méltónak találtassék a Jézus Krisztus megjelenésekor."* Finomít minket, hogy meglegyen a képesítésünk ahhoz, hogy élvezzük a dicséretet, dicsőséget és tisztességet, ha az életünk ezen a földön véget ér.

Továbbá, ha az Isten Igéje szerint élünk teljes mértékben, és nem kötünk kompromisszumot a világgal, lehet, hogy néhány alkalommal szembe kell néznünk igazságtalan szenvedésekkel. Minden alkalommal el kell hinnünk, hogy Isten szeretetét kapjuk meg. Aztán ahelyett, hogy kedveszegettek lennénk, hálásak leszünk, mert Isten elvezet bennünket egy jobb lakóhelyre a mennyben. Emellett hinnünk kell Isten szeretetében, és egész végig hinnünk kell. Lehet, hogy némi fájdalmunk lesz majd a hitpróbák során, amivel szembe kell néznünk.

Ha a fájdalom súlyos, és hosszú ideig tart, azt gondolhatnánk, hogy: „Miért nem segít Isten nekem? Nem szeret engem?" De ezekben az esetekben, emlékeznünk kell az Isten szeretetére, és el kell viselnünk a próbatételeket. Hinnünk kell, hogy Isten az Atya azt akarja, hogy elvezessen minket egy jobb mennyei lakhelyre, mert szeret minket. Ha elviselünk mindent végig, akkor végre Isten tökéletes gyermekei leszünk. *"A kitartásban pedig tökéletes cselekedet legyen, hogy tökéletesek és épek legyetek minden fogyatkozás nélkül"* (Jakab 1,4).

Másodszor, ahhoz, hogy mindent elviseljünk, el kell hinni, hogy a vizsgák rövid úton elvezetnek a reményeink beteljesüléséhez.

A Rómaiakhoz 5,3-4 ezt tartalmazza: *"Nemcsak pedig, hanem dicsekedünk a háborúságokban is, tudván, hogy a háborúság békességes tűrést nemz, A békességes tűrés pedig próbatételt, a próbatétel pedig reménységet."* A nyomorúság itt olyan, mint egy rövidítő út ahhoz, hogy elérjük a reményeinket. Lehet, hogy ezt gondolod: „Ó, mikor tudok megváltozni?" De ha kibírod, és folyamatosan változol újra és újra, akkor apránként, végre egy igazi és tökéletes gyermeke leszel Istennek, Rá hasonlítva.

Ezért, amikor egy próbatétel jön, nem szabad kikerülnünk azt, hanem a legjobb tudásunk szerint túl kell lennünk rajta sikerrel. Természetesen, a természet törvénye és az ember természetes vágya, hogy a legkönnyebb utat válassza. De ha megpróbálunk távol maradni a próbatételektől, az utunk sokkal hosszabb lesz. Például, tegyük fel, hogy van egy ember, aki folyamatosan, és minden kérdésben úgy tűnik, hogy csak gondokat okoz neked. Nem mutatod ki nyíltan, de kellemetlen érzésed van, amikor találkozol az adott személlyel. Szóval, csak el akarod kerülni őt. Ebben a helyzetben, nem csak figyelmen kívül kell hagynod a helyzetet, hanem le kell győznöd azt aktívan. El kell viselned a nehézségeket, amik vele kapcsolatosak, és ápolnod kell a szívedet, hogy valóban megértsd és megbocsáss az adott személynek. Isten megadja neked a kegyelmét, és meg fogsz változni. Hasonlóképpen, az egyes megpróbáltatások ugródeszkaként szolgálnak majd, és rövidítőt arra, hogy teljesítsd a reményeidet.

Harmadszor, ahhoz, hogy mindent elviseljünk, csak jó dolgokat kell cselekednünk.

Amikor szembesülnek az utóhatásokkal, még azután is, hogy mindent elviseltek tartósan az Ige szerint, általában az emberek panaszkodnak Isten ellen. Panaszkodnak, mondván: „Miért nem változik a helyzet, még miután az Ige szerint cselekedtem, akkor sem?" Az összes próbatételt az ellenséges ördög és a Sátán hozza ránk. Ugyanis a próbatételek a jó és a rossz közötti harc részei.

Ahhoz, hogy megnyerjük a győzelmet ebben a szellemi harcban, a szellemi birodalom szabályai szerint kell hogy harcoljunk. A törvény a lelki birodalomban az, hogy a jóság végül nyer. A Rómaiakhoz 12,21 azt mondja: *„Ne győzettessél meg a gonosztól, hanem a gonoszt jóval győzd meg."* Ha a jóságban járunk ilyen módon, úgy tűnhet, hogy veszteségünk lesz, és pillanatnyilag veszítünk, de valójában épp az ellenkezője történik. Ez azért van, mert a jó és igaz Isten irányítja a szerencsét, szerencsétlenséget, és az életet és a halált az emberiség számára. Ezért, amikor szembesülünk az erőpróbákkal és üldözésekkel, csak jósággal cselekedhetünk.

Bizonyos esetekben a hívők a saját hitetlen családtagjaik üldöztetését kell hogy elviseljék. Ilyen esetben, a hívők azt gondolhatják: „Miért annyira rossz a férjem? Miért annyira rossz a feleségem?" De a próba még nehezebb, és még hosszabb ideig tartó lesz. Mi a jóság az ilyen helyzetben? Imádkozni kell, szeretettel, és szolgálni őket az Úrban. A fénnyé kell válni, amely ragyog fényesen a család fölött.

Ha csak jót cselekszel velük, Isten a munkáját megmutatja nekik, a legmegfelelőbb időben. Isten elűzi az ellenséges ördögöt és a Sátánt, és megmozgatja a szívét a családtagjaidnak is. Minden probléma megoldódik, ha a jóság jegyében cselekszünk, Isten szabályai és parancsolatai szerint. A legerősebb fegyver a lelki harcban nem az emberek hatalma vagy bölcsessége, hanem az Isten jósága. Ezért hadd tűrjünk a jóságban, és csak jó dolgokat cselekedjünk.

Van-e valaki körülötted, akivel szerinted nagyon nehéz élni, és nehezen viselhető el? Vannak, akik hibáznak, minden alkalommal, kárt okoznak másoknak, és sok nehézséget. Egyesek sokat panaszkodnak, és még durcásak is lesznek a kis dolgok miatt. Azonban, ha ápolod az igaz szeretetet magadban, nem lesz senki, akit nem tudsz elviselni. Ez azért van, mert másokat úgy fogsz szeretni, mint önmagadat, ahogy Jézus azt mondta nekünk, hogy szeressük a szomszédainkat, mint önmagunkat (Máté 22,39).

Isten, az Atya is megért bennünket, és kitart mellettünk ily módon. Amíg nem ápolod ezt a szeretetet magadban, úgy élsz, mint egy gyöngykagyló. Ha egy idegen tárgy, mint a homok, hínár, vagy kagylórészecske bejut a héj és a test közé, a gyöngykagyló igazgyönggyé változtatja azt! Ily módon, ha műveljük a lelki szeretetet, akkor átmegyünk a gyöngykapun, és bemegyünk Új Jeruzsálembe, ahol Isten trónja található.

Képzeljük csak el az időt, amikor majd átmegyünk a gyöngykapun, és emlékezünk a múltunkra ezen a földön. Meg kell vallanunk az Atya Istennek: „Köszönöm, hogy tűrtél, hittél, és várakoztál rám mindenben," mert Ő megpuhította már a szívünket, olyan szépre, mint a gyöngy.

A lelki szeretet jellemzői III	
	12. Mindent elvisel
	13. Mindent elhisz
	14. Mindent remél
	15. Mindent eltűr

A tökéletes szeret

„A szeretet soha el nem fogy:
de legyenek bár jövendőmondások, eltöröltetnek;
vagy akár nyelvek, megszünnek; vagy akár ismeret, eltöröltetik.
Mert rész szerint van bennünk az ismeret, rész szerint a prófétálás:
De mikor eljő a teljesség, a rész szerint való eltöröltetik.
Mikor gyermek valék, úgy szóltam, mint gyermek, úgy gondolkodtam,
mint gyermek, úgy értettem, mint gyermek:
minekutána pedig férfiúvá lettem, elhagytam a gyermekhez illő dolgokat.
Mert most tükör által homályosan látunk, akkor pedig színről-színre;
most rész szerint van bennem az ismeret,
akkor pedig úgy ismerek majd, a mint én is megismertettem.
Most azért megmarad a hit, remény, szeretet, e három;
ezek között pedig legnagyobb a szeretet."
1 Korinthusiak 13,8-13

Amikor a mennybe mész, ha egyetlen dolgot magaddal vihetnél, mi lenne az? Arany? Gyémánt? Pénz? Mindezek a dolgok haszontalanok a mennyben. A mennyországban az utak, amelyeken lépkedsz, mind tiszta aranyból vannak. Amit Isten az Atya előkészített nekünk a mennyei hajlékunkban: annyira szép és értékes. Isten megérti a szívünket, és a legjobb dolgokat készíti elő nekünk, minden erőfeszítést megtéve. De van egy dolog, amit a földről magunkkal tudunk vinni, ami a mennyben is nagyon értékes lesz. Ez a szeretet. A szeretet, amit a szívünkben műveltünk, amíg ezen a világon éltünk.

A mennyországban is szükségünk van szeretetre

Amikor az emberi művelésnek vége van és a mennyei királyságba megyünk, a földi dolgok ezen a földön mind el fognak tűnni (Jelenések 21,1). A Zsoltárok 103,15 része szerint: *„Az embernek napjai olyanok, mint a fű, úgy virágzik, mint a mezőnek virága."* Még a szellemi dolgok, mint a gazdagság, a hírnév és a tekintély is, mind eltűnnek. Minden bűn és a sötét dolgok, mint a gyűlölet, veszekedések, irigység és féltékenység, mind eltűnnek.

Azonban az 1 Korinthusiak 13,8-10 ezt mondja: *„A szeretet soha el nem fogy: de legyenek bár jövendőmondások, eltöröltetnek; vagy akár nyelvek, megszünnek; vagy akár ismeret, eltöröltetik. Mert rész szerint van bennünk az ismeret, rész szerint a prófétálás: De mikor eljő a teljesség, a rész szerint való eltöröltetik."*

A prófétálás, nyelvek és a tudás az Istenről, mind lelki dolgok, miért tűnnek majd el? A mennyország a spirituális birodalomban van, és egy tökéletes hely. A mennyországban mindent tisztán fogunk tudni. Annak ellenére, hogy kommunikálunk Istennel világosan és prófétálunk, ez teljesen különbözik attól, hogy mindent megértünk a mennyek országában a jövőben. Ez után fogjuk tisztán megérteni az Isten szívét, aki az Atya és az Úr, így a próféciák nem lesznek szükségesek többé.

Ugyanez van a nyelvekkel is. Itt a „nyelv" a különböző nyelvekre vonatkozik a földön. Többféle nyelv van ezen a földön, ezért ahhoz, hogy mások nyelvén beszéljünk, először meg kell tanulni a nyelvüket. A kulturális különbségek miatt, szükségünk van egy csomó időt és energiát, hogy megosszák a szív és a gondolatokat. Még ha ugyanazt a nyelvet beszéljük is, nem tudjuk megérteni más emberek szívét és gondolatait teljesen. Még ha folyékonyan és választékosan beszélünk is, nem könnyű, hogy száz százalékosan közvetítsük a szívünk dolgait és a gondolatainkat. A szavak miatt történnek a félreértések és veszekedések. Sok hiba is van a szavakban.

De ha a mennybe megyünk, nem kell aggódni ezekért a dolgokért. Csak egy nyelv létezik a mennyben. Szóval, nem kell aggódni azért, mert nem értenek meg mások. Mivel a jó szív feltárul ahogy van, nem lehetnek félreértések vagy előítélet sem.

Ugyanez van a tudással. Itt, a „tudás" kifejezés Isten Igéjének a tudására vonatkozik. Amíg ezen a földön élünk, szorgalmasan tanuljuk Isten Igéjét. A Biblia hatvanhat könyvén keresztül megtanuljuk, hogyan üdvözülhetünk, és nyerhetünk örök életet. Megtanuljuk az Isten akaratát, de ez csak egy része az Isten akaratának, amely csak arról szól, hogy mit kell tennünk ahhoz, hogy a mennybe kerüljünk.

Például, hallunk, tanulunk és gyakorolunk olyan szavakat, mint „Szeressétek egymást," „ne irigykedj, ne féltékenykedj," és így tovább. De a mennyben csak szeretet létezik, így ott nem kell ez a fajta tudás. Bár ezek lelki dolgok, a végén a prófécia, a különböző nyelvek, és minden fajta tudomány is eltűnik. Ez azért van, mert csak ideiglenesen van szükség rájuk ezen a fizikai világon.

Ezért fontos tudni az Isten Igéjét, az igazságot, és tudni a mennyországról, de sokkal fontosabb, hogy ápoljuk a szeretetet. Olyan mértékben, amennyire körülmetéltük a szívünket, és ápoltuk a szeretetet, mehetünk be a jobb mennyei lakóhelyekre.

A szeretet mindig értékes

Emlékezz az első szerelmed idejére. Milyen boldog voltál! Azt mondjuk, hogy elvakít a szerelem, ha igazán szeretünk valakit, akkor csak a jó dolgokat vesszük észre az adott személyben, és az egész világ nagyon szép lesz. A napsütés ragyogóbbnak tűnik, mint valaha, és lehet, hogy a levegőben illatokat is érzünk. Van néhány laboratóriumi jelentés, amely szerint az agy azon részei, amelyek ellenőrzik a negatív és bíráló gondolatokat, kevésbé aktívak azoknál, akik szerelmesek. Ugyanígy, ha túlárad az Isten szeretete a szívedben, akkor nagyon boldog leszel akkor is, ha nem eszel. A mennyországban ez a fajta öröm örökre tart majd.

Az életünk ezen a földön olyan, mint egy gyermeké, ha összehasonlítjuk a mennyben bekövetkező, majdani életünkkel. A baba, aki most kezd beszélni, csak néhány egyszerű szót tud kimondani, mint a „mama" és „papa." Nem tud kifejezni sok mindent konkrétan és részletesen. Továbbá, a gyerekek nem értik a felnőttek világának bonyolult dolgait. A gyerekek a saját képességeiken belül beszélnek, és értik meg a dolgokat. Nincs meg a megfelelő koncepciójuk a pénz értékével kapcsolatban, így ha adnak nekik egy érmét és egy számlát, akkor természetesen elveszik az érmét. Ez azért van, mert tudják, hogy az érmék érnek valamit, mert már használták őket, például hogy vásároljanak cukorkát, de ezzel együtt, nem tudják a számlák értékét.

Ez hasonló ahhoz, amit megértünk a Mennyből, amíg ezen a földön élünk. Tudjuk, hogy a mennyország egy gyönyörű hely, de nehéz kifejezni, milyen szép is valójában. A mennyek országában nincsenek határok, így a szépséget a legteljesebb mértékben ki lehet fejezni. Amikor a mennybe kerülünk, képesek leszünk megérteni a végtelen és titokzatos lelki birodalmat, és az elveket, amelyek alapján minden működik. Ezt látjuk az 1 Korinthusiak 13,11-ben: *„Mikor gyermek valék, úgy szóltam, mint gyermek, úgy gondolkodtam, mint gyermek, úgy értettem, mint gyermek: minekutána pedig férfiúvá lettem, elhagytam a gyermekhez illő dolgokat."*

A mennyek országában nincs sötétség, gondok vagy szorongás. Csak a jóság és a szeretet létezik. Így ki tudjuk fejezni a szeretetünket, és szolgáljuk egymást úgy, ahogy szeretnénk. Ily módon, a fizikai világ és a szellemi birodalom teljesen különbözik egymástól. Természetesen, még ezen a földön is, nagy különbség van az emberek megértése között, az egyes ember hitének megfelelően.

Az 1 János 2. fejezetében a hit minden szintjét összehasonlítják a kisgyermekekkel, gyermekekkel, ifjakkal és az apákkal. Azok, akik a kisgyermekek vagy a gyerekek szintjén vannak a hitben, olyanok, mint a gyerekek a szellem szempontjából. Nem igazán értik a mély, lelki dolgokat. Kevés erejük van az Igét gyakorolni. De amikor fiatal férfiakká és apákká válnak, a szavaik, a gondolkodásuk és a cselekedeteik teljesen megváltoznak. Képesek már gyakorolni Isten Igéjét, és a harcot a sötétség hatalma fölött meg tudják már nyerni. Azonban annak ellenére, hogy megvalósítjuk az apáink hitét ezen a földön, azt mondhatjuk, még mindig olyanok vagyunk, mint a gyerekek, összehasonlítva azzal, amikor bemegyünk a mennyei királyságba.

Tökéletes szeretetet fogunk érezni

A gyermekkor készülődés a felnőtté válásra, és hasonlóképpen, az élet ezen a földön felkészülés az örök életre. Ez a világ olyan, mint egy árnyék az örök mennyországgal összehasonlítva, és elmúlik hamar. Az árnyék nem a tényleges tárgy. Más szóval, nem valódi. Csak egy kép, amely hasonlít az eredeti tárgyra.

Dávid király áldotta az Urat az egész gyülekezet előtt, és ezt mondta: *„Mert mi csak jövevények vagyunk te előtted és zsellérek, a mint a mi atyáink is egyenként; a mi [életünk] napjai olyanok e földön, mint az árnyék, melyben állandóság nincsen"* (1 Krónikák 29,15).

Ha megnézzük az árnyékát valaminek, érzékelni tudjuk az általános körvonalait a tárgynak. Ez a fizikai világ is olyan, mint egy árnyék, amely röviden elmondja, miről is szól az örök élet. Amikor az árnyék, amely az élet ezen a földön, elmúlik, a tényleges entitás egyértelműen kiderül. Jelenleg a szellemi birodalomról csak homályos tudásunk van, mintha tükörbe néznénk. De amikor bemegyünk a mennyei királyságba, mindent meg fogunk érteni, olyan tisztán, mint amikor szemtől szembe látunk.

Az 1 Korinthusiak 13,12 ezt tartalmazza: *„Mert most tükör által homályosan látunk, akkor pedig színről-színre; most rész szerint van bennem az ismeret, akkor pedig úgy ismerek majd, a mint én is megismertettem."* Amikor Pál apostol írta ezt a szeretetlevelet kb. 2000 évvel ezelőtt, a tükrök nem voltak olyan minőségűek, mint a mai tükrök. Nem üvegből készültek. Megőrölték az ezüstöt, bronzot vagy acélt, és a polírozott fém visszaverte a fényt. Ezért a tükrök homályosak voltak. Természetesen van olyan ember, akinek a lelki szemei nyitva vannak, és élesebben, tisztábban érzékeli a mennyei királyságot. Mégis, csak homályosan érzékeljük a mennyország szépségét.

Amikor belépünk az örök mennyek országába később, akkor világosan látjuk majd minden részletében a királyságot, és közvetlenül érzékelhetjük majd. Fogjuk látni a nagyságát, erősségét és a szépségét Istennek, amely szavakon túli.

A szeretet a legnagyobb a Hit, Remény és Szeretet között

A hit és a remény nagyon fontos a hitünk növelésének szempontjából. Csak akkor üdvözülhetünk, és mehetünk a mennybe, ha van hitünk. Csak hittel válhatunk Isten gyermekeivé. Mivel elnyerhetjük az üdvösséget, az örök életet, és a mennyei királyságot is hittel, a hit nagyon értékes. És minden kincs közül a hit a legfontosabb, hisz a hittel választ kapunk az imáinkra.

Mi van a reménnyel? A remény is értékes, mert a jobb

lakhelyeket a mennyben a remény által érhetjük el. Tehát, ha van hitünk, akkor természetesen van reménységünk is. Ha biztosan hiszünk Istenben, a mennyországban meg a pokolban, akkor van reményünk a mennyországra. Továbbá, ha van reménységünk, igyekszünk megszentelté válni, és hűségesen dolgozni Isten országáért. A hit és a remény is kötelező, amíg el nem érjük a mennyei királyságot. De 1 Korinthusiak 13,12 azt mondja, a szeretet a legnagyobb, miért?

Először is, a hit és a remény csak a földi életünkben fontosak, mert csak a szellemi szeretet marad a mennyek országában.

A mennyországban nem kell elhinnünk semmit anélkül, hogy látnánk, vagy remélni valamit, mert minden ott lesz a szemünk előtt. Tegyük fel, hogy van valaki, akit nagyon szeretsz, és nem találkoztál vele egy hétig, vagy akár tíz évig. Sokkal mélyebb érzelmeket érzel majd, amikor találkozol vele tíz év után. És amikor találkozol vele, lesz-e valaki, akinek még mindig hiányozni fog?

Ugyanez vonatkozik a keresztény életre is. Ha valóban hiszünk, és szeretjük az Istent, egyre nagyobb lesz a reményünk az idő múlásával, és amint a hitünk felnő. Az Úr egyre jobban fog hiányozni nekünk, ahogy a napok telnek. Azok, akik reménykednek a mennyországban, nem azt mondják majd, hogy nehéz, annak ellenére, hogy a keskeny utat járják ezen a földön, és nem hagyják magukat befolyásolni semmilyen kísértés által. És amikor elérjük a végső célt, a mennyei királyságot, nem lesz szükségünk hitre és reménységre többé. Azonban a szeretet még mindig fennáll a Mennyben, és ezért a Biblia azt mondja, hogy a szeretet a legnagyobb.

Másodszor, rendelkezhetünk a mennyországgal a hit által, de szeretet nélkül nem tudunk bejutni a legszebb lakóhelyre, Új Jeruzsálembe.

Erőteljesen megragadhatjuk a mennyei királyságot olyan mértékben, amennyire a hit és a remény határozza meg az utunkat. Olyan mértékben, amennyire az Isten Igéje szerint élünk, eldobjuk a bűnöket, és ápoljuk a szép szívet, lelki hitet kapunk, és aszerint, hogy milyen a mértéke ennek a lelki hitnek, más és más hajlékba jutunk a mennyben: a Paradicsom, az Első Királyság, a Második Királyság, a Harmadik Királyság, és Új Jeruzsálem lakóhelyeire.

A Paradicsom azok számára van, akik hisznek csupán, és éppen hogy elfogadták a Jézus Krisztust. Ez azt jelenti, hogy nem tettek semmit az Isten országáért. Az Első Mennyei Királyság azok számára létezik, akik megpróbálták megélni Isten Igéjét, miután elfogadták a Jézus Krisztust. Sokkal szebb, mint a Paradicsom. A Második Királyság azok számára van, akik az Isten Igéje szerint éltek az Isten iránti szeretetükkel, és hűségesek voltak Isten országához. A Harmadik Mennyei Királyság azoknak van, akik Istent szeretik a legnagyobb mértékben, és – mivel megszabadultak a gonosz minden formájától – szentté váltak. Új Jeruzsálem azok számára van fenntartva, akiknek a hite Isten kedvére van, és Isten teljes házában hűek voltak.

Új Jeruzsálem egy mennyei lakóhelyet ad azoknak, akik Isten gyermekei, akik művelték a tökéletes szeretetüket hittel, és ugyanakkor a szeretet egy kristálya. Valójában senki másnak, csak Jézus Krisztusnak, Isten egyszülött Fiának van meg a joga, hogy bemenjen Új Jeruzsálembe. De mivel mi is teremtmények vagyunk, megszerezhetjük a képesítést, hogy bemenjünk ide, mivel a Jézus Krisztus drága vére feljogosít erre, de tökéletes hittel kell rendelkeznünk.

Azért, hogy hasonlítsunk az Úrra, és Új Jeruzsálemben lakozzunk, követnünk kell az utat, amelyen az Úr járt. Ez a szeretet útja. Csak ezzel a szeretettel tudjuk a Szentlélek kilenc gyümölcsét teremni, valamint a Boldogságokat, hogy méltóak legyünk Isten igaz gyermekeinek a címére, akik az Úr jellemzőivel bírnak. Amint megkapjuk a képzést Isten igaz gyermekeiként, bármit megkapunk, amit ezen a földön kérünk, és abban a megtiszteltetésben lesz részünk, hogy képesek leszünk az Úrral járni örökre, a mennyben. Ezért a mennybe akkor mehetünk, ha van hitünk, és akkor dobhatjuk el a bűneinket, ha van reménységünk. Emiatt a hit és a remény biztosan szükséges, de a szeretet a legnagyobb ezek közül, mert csak akkor tudunk bemenni Új Jeruzsálembe, ha van bennünk szeretet.

„Senkinek semmivel ne tartozzatok,

hanem csak [azzal,] hogy egymást szeressétek;

mert a ki szereti a felebarátját, a törvényt betöltötte.

Mert ez: Ne paráználkodjál, ne ölj, ne orozz,

hamis tanubizonyságot ne szólj, ne kívánj,

és ha valamely más parancsolat van,

ebben az ígében foglaltatik egybe:

Szeressed felebarátodat mint temagadat.

A szeretet nem illeti gonoszszal a felebarátot.

Annakokáért a törvénynek betöltése a szeretet."

Rómaiakhoz írt levél 13,8-10

Harmadik rész

A szeretet a törvény beteljesítése

Első fejezet : Isten szeretete

Második fejezet : Krisztus szeretete

ELSŐ FEJEZET ~ *Isten szeretete*

Isten szeretete

„*És mi megismertük és elhittük
az Istennek irántunk való szeretetét.
Az Isten szeretet; és a ki a szeretetben marad,
az Istenben marad, és az Isten [is] ő benne.*"
1 János 4,16

Amikor a kecsua indiánokkal dolgozott, Elliot arra készült, hogy elmegy a híresen erőszakos Huaorani indián törzshöz. Ő és négy másik misszionárius, Ed McCully, Roger Youderian, Peter Fleming és a pilótájuk, Nate Saint, felvették a kapcsolatot a repülőgépükről a Huaorani indiánokkal, egy hangszóró és egy kosár segítségével, amelyen leadtak ajándékokat nekik. Néhány hónap elteltével ezek a férfiak úgy döntöttek, hogy egy bázist hoznak létre kis távolságra az indián törzstől, a Curaray folyó mentén. Itt megkeresték őket, többször is, kisebb csoportokban a Huaorani indiánok, és még a repülőgépre is felengedtek egy kíváncsi Huaoranit, akit „George-nek" neveztek (az igazi neve Naenkiwi volt). Felbuzdulva ezeken a barátságos találkozásokon, elkezdték azt tervezni, hogy meglátogatják a Huaorani-kat, de a terveket áthúzta egy nagyobb csoport Huaorani érkezése, akik megölték Elliot-ot és négy társát január 8-án, 1956-ban. Elliot megcsonkított holttestét megtalálták a folyótól lefelé, együtt a többiekével, kivéve az Ed McCullyét.

Elliot és a barátai azonnal világszerte ismertekké váltak, mint mártírok, és a Life magazin egy 10 oldalas cikket közölt a küldetésükről és a halálukról. A javukra írták, hogy a fiatalok körében felkeltették az érdeklődést a keresztény missziók iránt, és még mindig a bátorítást képviselik a keresztény misszionáriusok számára ma is, az egész világon. A férje halála után, Elisabeth Elliot és más misszionáriusok elkezdtek dolgozni az Auca indiánokkal, akik között mély hatást gyakoroltak, és sok megtért embert boldogítottak. Sok lélek elnyerte az Isten szeretetét.

Senkinek semmivel ne tartozzatok, hanem csak [azzal,] hogy egymást szeressétek; mert a ki szereti a felebarátját, a törvényt betöltötte. Mert ez: Ne paráználkodjál, ne ölj, ne orozz, hamis tanubizonyságot ne szólj, ne kívánj, és ha valamely más parancsolat van, ebben az ígében foglaltatik egybe: Szeressed felebarátodat mint temagadat (Rómaiakhoz írt levél 13,8-10).

A legmagasabb szintű szeretet mindenféle szeretet között az Isten szeretete irántunk. Minden dolog létrehozása, és az emberek megteremtése is, mind az Isten szeretetéből ered.

Isten teremtett mindent, beleértve az embereket is, az Ő szeretetével

Kezdetben Isten a hatalmas teret, az univerzumot saját magában tartotta. Ez az univerzum egy másik univerzum volt, nem az, amelyet ma ismerünk. Egy olyan hely, amelynek nincs kezdete és vége, sem határai. Minden dolog az Isten akarata szerint történik, és az alapján, amit a szívében rejt. Ha Isten bármit megtehet, amit akar, miért hozta létre az embert?

Igaz gyerekeket akart, akivel megoszthatná a Világának a szépségét, amelyet Ő Maga is élvezett. Meg akarta osztani a teret, ahol minden úgy történik, ahogy akarta. Hasonló az emberi elmével: szeretnénk nyíltan megosztani a dolgokat azokkal, akiket szeretünk. Ebben a reményben, Isten eltervezte az emberi művelést és tanítást, hogy igaz gyerekeket nyerjen.

Ennek első lépéseként, kettéosztotta az egyetlen univerzumot a fizikai és a spirituális világra, és megteremtette a mennyei seregeket és az angyalokat, valamint más szellemi lényeket, és minden szükséges dolgot a spirituális birodalomban. Olyan teret teremtett nekik, amelyben úgy lakhatnak, mint a mennyek országában, ahol az Ő igaz gyerekei laknak, olyan teret az emberi lényeknek, ahol átélhetik az emberi művelést. Miután mérhetetlen idő eltelt, Ő megteremtette a Földet a fizikai világban, valamint a napot, a holdat és a csillagokat, és a természeti környezetet, amelyek mindegyike szükséges az emberek számára ahhoz, hogy élhessenek.

Számtalan szellemi lény létezik Isten körül, mint például az angyalok, akik feltétel nélkül engedelmeskednek, kicsit úgy, mint a robotok. Ezek nem olyan lények, akikkel Isten megosztotta a szeretetét. Ezért megteremtette Isten az embereket a saját képmására, hogy szert tegyen igaz gyermekekre, akivel megoszthatná az Ő szeretetét. Ha lehetséges volna, hogy szép arcú robotok legyenek, akik pontosan aszerint cselekszenek, amit akarsz, lehet, hogy lecserélnéd a saját gyermekeidet rájuk? Annak ellenére, hogy a gyerekeid nem hallgatnak rád időről időre, még akkor is sokkal szebbek, mint a robotok, mert képesek megérezni a szeretetet, és kifejezni a szeretetüket. Ugyanez van Istennel. Igaz gyerekeket akart, akikkel el tudta cserélni a Szívét. Ezzel a szeretettel, Isten megteremtette az első emberi lényt, aki Ádám volt.

Miután Isten megteremtette Ádámot, egy kertet alkotott meg, Édenkert névvel, és Ádámot odavitte. Az Édenkertet Isten a gondoskodása miatt adta Ádámnak. Ez egy titokzatosan gyönyörű hely, ahol virágok és fák nőnek, és kedves állatok sétálnak körben. Bőséges gyümölcs terem mindenhol. A szél olyan puha, mint a selyem, és a fű suttogó hangokat ad ki. A víz úgy ragyog, mint az értékes drágakövek, melyeknek a fénye tükröződik a vízben. Még a legjobb képzelőerővel sem lehet teljes mértékben kifejezni a szépségét ennek a helynek.

Isten adott Ádámnak egy segítőt is, akinek a neve Éva volt. Nem azért adta Évát, mert Ádám magányosnak érezte magát. Isten azért értette meg Ádám szívét, mert ilyen hosszú ideig egyedül volt. A legjobb állapotukban, amit az Isten Ádámnak és Évának adott, Istennel jártak, nagyon hosszú, hosszú ideig, és nagy tekintélyt élveztek, mint minden teremtmény urai.

Isten műveli az embert, hogy az Ő valódi gyermeke legyen

De Ádám és Éva hiányolt valamit ahhoz, hogy Isten igaz gyermekei lehessenek. Bár Isten megadta nekik a szeretetét, a lehető legteljesebb módon, ők nem tudták igazán érezni Isten szeretetét. Élveztek mindent, amit Istentől kaptak, de nem volt semmi, amit a saját erejükből szereztek volna meg. Ezért nem értették, milyen értékes Isten szeretete, és nem értékelték azt, amit adtak nekik. Továbbá, soha nem tapasztalták meg a halált vagy a boldogtalanságot, és nem tudták az élet értékét. Soha nem tapasztalták meg a gyűlöletet, így nem értették meg a valós értékét a szeretetnek. Annak ellenére, hogy hallottak, és tudtak róla, mint fejbeli tudás, nem tudtak igaz szeretetet érezni a szívükben, mert még soha nem volt első kézből tapasztalatuk róla.

Az ok, amiért Ádám és Éva ettek a jó és a gonosz tudásának a fájáról, itt van. Isten azt mondta: *„…mert amelyik napon eszel* *belőle, biztosan meghalsz,"* de ők nem tudták a halál teljes értelmét (Genezis 2,17). Vajon Isten nem tudta, hogy fognak enni a jó és a rossz tudásának a fájáról? De igen. De tudta, mégis megadta Ádámnak és Évának a szabad akaratot, hogy az engedelmességet válasszák. Itt rejlik az emberi művelés gondviselése.

Az emberi tanítás révén Isten azt akarta, hogy az egész emberiség megtapasztalja a könnyeket, bánatot, fájdalmat, halált, stb., hogy amikor a mennybe mennek később, valóban úgy érezzék, hogy értékesek és drágák a mennyei dolgok, és képesek legyenek élvezni az igazi boldogságot. Isten meg akarta osztani az Ő szeretetét velük örökre a mennyben, ami összehasonlíthatatlanul szebb, mint akár az Édenkert.

Miután Ádám és Éva megszegte az Isten Igéjét, nem tudtak többé az Édenkertben élni. És mivel Ádám elvesztette a tekintélyét, mint minden teremtmény ura, az állatokat és a növényeket is elátkozták. A Föld egyszer a bőség és a szépség helye volt, de elátkozták. Most tövist és bogáncsot termett, és az emberek nem tudtak semmit termelni robotolás és verejtékes munka nélkül.

Bár Ádám és Éva nem engedelmeskedett Istennek, Ő még mindig gondoskodott róluk úgy, hogy felöltöztette őket, mert egy teljesen más környezetbe kerültek (Teremtés 3,21). Isten szívének úgy kellett fájnia, mint ahogy a szülők szívének, akik elküldik gyermekeiket egy kis időre, hogy felkészüljenek a jövőjükre. Annak ellenére, hogy Isten ezt a szeretetet megmutatta, nem sokkal azután, hogy az emberi nevelés elkezdődött, az embereket befoltozta a bűn, és nagyon gyorsan eltávolították magukat Istentől.

A Rómaiakhoz 1,21-23 ezt tartalmazza: *"Mert bár az Istent megismerték, mindazáltal nem mint Istent dicsőítették őt, sem néki hálákat nem adtak; hanem az ő okoskodásaikban hiábavalókká lettek, és az ő balgatag szívök megsötétedett."* Ennek a bűnös emberiségnek Isten megmutatta a gondviselését és szeretetét a kiválasztott nép, Izrael által. Egyrészt, amikor az Isten Igéje szerint éltek, csodálatos jeleket és csodákat mutatott nekik, és nagy áldásokat küldött nekik. Másrészt, amikor eltávolodtak Istentől, bálványokat imádtak és bűnöket követtek el, Isten sok prófétát küldött nekik, hogy átadják az Ő szeretetét.

Az egyik ilyen próféta volt Hóseás, aki egy sötét korszak után kapott szerepet, miután Izrael szétszakadt az északi Izraelre és a déli Júdeára.

Egy napon Isten ezt mondta Hóseásnak: *"Menj, végy magadnak parázna feleséget és parázna gyermekeket; mert paráználkodván paráználkodik e föld, nem követvén az Urat"* (Hóseás 1,2). Nem volt elképzelhető egy istenfélő próféta számára, hogy feleségül vegyen egy parázna nőt. Bár nem értette meg teljesen Isten szándékát, Hóseás engedelmeskedett az Ő igéjének, és elvett egy nőt, akit Gomernek hívtak, feleségül.

Három gyermekük született, de Gomer elment egy másik férfival, mivel követte a vágyát. Ennek ellenére Isten azt mondta Hóseásnak, hogy szeresse a feleségét (Hóseás 3,1). Hóseás megkereste a nőt, és visszavette magának tizenöt sekel ezüstért, és másfél homer árpáért.

A szeretet, amit Hóseás Gomernek adott, az Isten szeretetét szimbolizálja, amit nekünk adott Ő. És Gomer, az asszony, a paráznaságot szimbolizálja, azaz minden embert, akit befoltozott a bűn. Ahogyan Hóseás egy rossz nőt vett feleségül, Isten is előbb szerette azokat, akiket befoltozott a bűn ezen a világon.

Megmutatta a végtelen szeretetét Isten, remélve, hogy mindenki elfordul a halál útjáról, és az Ő gyermekévé válik. Még ha barátságot kötnek is a világgal, és elhatárolják magukat Istentől egy ideig az emberek, Ő nem azt mondja: „elhagytál, és nem tudlak visszafogadni." Csak azt akarja, hogy mindenki térjen vissza hozzá, és komoly szívvel teszi ezt, mint a szülők, akik várják vissza a gyerekeiket, akik megszöktek otthonról.

Isten még az idő előtt előkészítette Jézus Krisztust

A példázat a tékozló fiúról, amit a Lukács 15-ben találunk, egyértelműen mutatja az Atya Isten szívét. Mint második fiú, aki élvezte a gazdag életet gyerekként, nem volt hálás szívvel az apja iránt, és nem is értette meg az értékét annak a fajta életnek, amelyet élt. Egy nap elkérte az örökségét, a pénzét előre az apjától. Egy elkényeztetett gyerek volt, aki kikérte az örökségét pénzben, miközben az apja még élt.

Az apa nem tudta megállítani a fiát, mivel a fia nem értette meg a szülői szívet, és végül kiadta a fiának az örökségét. A fiú boldog volt, és elutazott. A fájdalom az apa számára abban a pillanatban elkezdődött. Halálosan aggódott, ezt gondolva: „Mi van, ha baja esik? Mi van, ha találkozik néhány gonosz emberrel? „Az apa nem is tudott aludni az aggódástól a fia miatt, és figyelte a horizontot, remélve, hogy a fia visszajön.

Hamarosan a fiú pénze elfogyott, és az emberek elkezdtek rosszul bánni vele. Olyan szörnyű helyzetben volt, hogy meg akarta enni a héjakat, amit a disznók ettek, de senki nem adott neki semmit. Eszébe jutott az apja háza. Hazatért, de annyira sajnálkozott, hogy fel sem tudta emelni a fejét. Az apja azonban odarohant hozzá, és megcsókolta. Nem hibáztatta őt semmiért, csak boldog volt, a legjobb ruhákat megvette neki, és megölt egy borjút, hogy lakomát rendezzen neki. Ez az Isten szeretete.

1 Isten szeretete nem csak néhány különleges embernek jár, különleges alkalmakkor. Az 1 Timóteus 2,4 azt mondja: *"A ki azt akarja, hogy minden ember idvezüljön és az igazság ismeretére eljusson."* Az üdvösség kapuit mindig nyitva tartja, és amikor egy lélek visszatér Istenhez, Ő várja azt, oly sok örömmel és boldogsággal.

Isten szeretetével, aki nem hagy el bennünket egész végig, megnyílt az út mindenki számára, hogy megkapja a megváltást. Az út pedig Isten egyszülött Fia, Jézus Krisztus. Ahogy írva van a Zsidók 9,22-ben: *"És csaknem minden vérrel tisztíttatik meg a törvény szerint, és vérontás nélkül nincsen bűnbocsánat."* Jézus megfizette a bűnösök bűneinek az árát, a saját vérével, és a saját életével.

Az 1 János 4,9 Isten szeretetéről beszél, ahogy írva van: *"Az által lett nyilvánvalóvá az Isten szeretete bennünk, hogy az ő egyszülött Fiát elküldte az Isten e világra, hogy éljünk általa."* Isten megengedte, hogy Jézus kiontsa az Ő drága vérét, hogy megváltsa az emberiséget az összes bűneiért. Jézust keresztre feszítették, de Ő legyőzte a halált, és feltámadt a harmadik napon, mert nem volt bűnös. Ezzel az üdvösségünk útja megnyílt. Az, hogy az Ő egyszülött Fiát nekünk adta, nem olyan könnyű volt, mint amilyennek hangzik. A koreai mondás szerint, "A szülők nem érzik a fájdalmat, még ha a gyerekeik fizikailag a szemükbe kerülnek, akkor sem." Sok szülő úgy érzi, hogy a gyerekei élete fontosabb, mint a saját élete.

Ezért az, hogy Isten az egyszülött Fiát, Jézust nekünk adta, a végső szeretetet jelenti. Sőt, Isten előkészítette a mennyek országát azoknak, akiket visszanyer a Jézus Krisztus vére által. Micsoda nagy szerelem ez! És mégis, Isten szeretete itt nem ér véget.

Isten nekünk adta a Szentlelket, hogy elvezessen minket a mennybe

Isten nekünk adja a Szentlelket, mintegy ajándékul azoknak, akik elfogadják a Jézus Krisztust, és megkapják a bűnök bocsánatát. A Szent Lélek az Isten szíve. Az Úr felemelkedése óta, az Isten elküldte a Pártfogót, a Szentlelket a szívünkbe.

A Rómaiakhoz írt levél 8,26-27 ezt tartalmazza: *"Hasonlatosképen pedig a Lélek is segítségére van a mi erőtelenségünknek. Mert azt, a mit kérnünk kell, a mint kellene, nem tudjuk; de maga a Lélek esedezik mi érettünk kimondhatatlan fohászkodásokkal. A ki pedig a szíveket vizsgálja, tudja, mi a Lélek gondolata, mert Isten szerint esedezik a szentekért."*

Amikor bűnözünk, a Szentlélek bűnbánatra vezet minket a nyögések által, amelyek túl mélyek ahhoz, hogy szavakkal leírjuk őket. Azoknak, akiknek gyenge a hitük, Ő ad hitet, azoknak, akik nem rendelkeznek a reménnyel, Ő ad reményt. Csakúgy, ahogy az anyák finoman kényelmet nyújtanak és ápolják a gyermekeiket, a Szentlélek nekünk adja a hangját, hogy ne sérüljünk, semmilyen módon. Ilyen módon lehetővé teszi nekünk, hogy megismerjük az Isten szívét, aki szeret minket, és elvezet minket a mennyek országába.

Ha megértjük ezt a szeretetet mélyen, nem tudunk mást tenni, mint Istent viszontszeretni. Ha szeretjük Istent a szívünk mélyéről, Ő nagy és csodálatos szeretetet ad vissza nekünk, amely elborít minket. Ő egészséget ad nekünk, és megáldja mindenünket, hogy jól menjen az életünk. Teszi ezt azért, mert ez a törvény a szellemi birodalomban, de ami még fontosabb: azért, mert azt akarja, hogy érezzük az Ő szeretetét, és áldást kapjunk Tőle: *"Én az engem szeretőket szeretem, és a kik engem szorgalmasan keresnek, megtalálnak"* (Példabeszédek 8,17).

Mit éreztél, amikor először találkoztál Istennel, és megkaptad a gyógyulást, vagy megoldást a különböző problémáidra? Biztosan úgy érezted, hogy Isten még egy bűnöst is szeret, egy olyant, mint te. Azt hiszem, meg kellett hogy vallanod a szíved mélyéről: „Vajon ha tintával az óceánt kitöltjük, és amennyiben az ég pergamenből készült, hogy ráírjuk az Isten szeretetét odafent, akkor lent az óceán kiszáradna?" Továbbá, azt hiszem, túlterhelt téged az Isten szeretete, aki örök mennyországot adott neked, ahol nincs gond, sem bánat, sem betegség, nincs szétválás, és nincs halál.

Eleinte nem szerettük Istent. Isten először eljött hozzánk, és kinyújtotta a kezét nekünk. Nem azért szeretett minket, mert megérdemeltük, hogy szeressenek. Isten annyira szeretett minket, hogy nekünk adta az egyszülött Fiát, nekünk, akik bűnösök voltunk, és a halál várt ránk. Minden embert szeretett, és mindenkivel a legnagyobb szeretettel törődött, mint a szerető anya, akik nem tudja elfelejteni a szoptatott csecsemőjét (Ézsaiás 49,15). Ő vár ránk, mintha ezer év egyetlen nap lenne.

Isten szeretete igaz szeretet, amely nem változik még az idő múlásával sem. Amikor a mennybe kerülünk később, leesik az állunk majd, látva a gyönyörű koronát, a ragyogó gyolcsot és a mennyei házakat, amelyek aranyból és értékes drágakövekből épültek, amelyeket Isten készített számunkra. Ő jutalmakat és ajándékokat ad nekünk még a földi életünk alatt is, és türelmetlenül várja a napot, hogy velünk legyen, az Ő örök dicsőségében. Érezzük hát az Ő nagy szeretetét.

MÁSODIK FEJEZET ~ *Krisztus szeretete*

Krisztus szeretete

„ ...És járjatok szeretetben,
miképen a Krisztus is szeretett minket,
és adta Önmagát miérettünk ajándékul
és áldozatul az Istennek, kedves jó illatul."
Efézusiakhoz 5,2

A szeretet az a nagy hatalom, amely a lehetetlent lehetővé teszi. Különösen az Isten szeretete és az Úr szeretete: valóban lenyűgöző. A semmihez nem értő embereket, akik nem képesek hatékonyan semmit megtenni, kompetens emberekké változtatja, akik bármit megtehetnek. Amikor a tanulatlan halász, az adóbegyűjtők – akiket abban az időben bűnösökként ítéltek meg – a szegények, az özvegyek és az elhanyagolt emberek a világon, találkoztak az Úrral, az életük teljesen megváltozott. A szegénységük és a betegségük is megoldódott, és érezték az igaz szeretetet, ahogy soha nem érezték még azelőtt. Úgy vélték magukról, hogy értéktelenek, de megszülettek ismét, mint dicsőséges eszközei az Istennek. Ez a szeretet hatalma.

Jézus eljött a földre, lemondva minden mennyei dicsőségéről

Kezdetben Isten volt az Ige, és az Ige lejött erre a földre egy emberi testben. Ez volt Jézus, az Isten egyszülött Fia. Jézus lejött a földre, hogy megmentse a bűn által kötött emberiséget, akik mind a halál útját járták. A név, „Jézus" azt jelenti: *„megszabadítja a népét a bűneitől"* (Máté 1,21).

Mindezek a bűntől maszatos emberek valami olyanná váltak, ami nem más, mint az állatok (Prédikátor 3,18). Jézus megszületett az állatok jászlába, hogy megváltsa azokat, akik elfelejtették, amit kellett volna tenniük, és nem voltak jobbak, mint az állatok. Jászolba fektették, melyet az állatok etetésére szántak (János 6,51). Azért volt ez, hogy az emberek visszaszerezzék Isten elveszett képmását, és lehetővé tegyék a számukra, hogy elvégezzék a teljes feladatukat.

A Máté 8,20 ezt tartalmazza: *"A rókáknak vagyon barlangjok és az égi madaraknak fészkük; de az ember Fiának nincs hová fejét lehajtani."* Mint látjuk, nem volt egy olyan hely, ahová elmehetett volna aludni, és volt olyan, hogy az éjszakát a mezőn töltötte, a hidegben és az esőben. Éhesen járt, mivel nem volt élelme sokszor. Nem azért, mert ő nem volt képes semmire. Azért volt, hogy megváltson minket a szegénységből. A 2 Korinthusiak 8,9 azt mondja: *"Óvakodván, hogy senki se ócsárolhasson minket a mi szolgálatunk által való bőséges jótétemény miatt."*

Jézus, amikor elkezdte a nyilvános szolgálatát, egy jelt mutatott be: a bort vízzé változtatta a kánai esküvői lakomán. Hirdette az Isten országát, és sok jel és csoda történt Júdeában és Galileában. Sok leprás meggyógyult, a bénák újra jártak, és azok, akik démonoktól szenvedtek, megszabadultak a sötétség hatalmából. Még egy olyan személy is, aki halott volt négy napja, és szaglott, kijött a sírból élve (János 11).

Jézus olyan csodálatos dolgokat mutatott a szolgálata alatt ezen a földön, amelyek alapján az emberek rájöhettek, hogy Isten szereti őket. Továbbá az, hogy közös eredetű Istennel és az Igével, azt jelentette, hogy teljesen betartotta Isten Szavát, hogy tökéletes példát állítson a számunkra. Csak azért, mert Ő betartotta a törvényt, nem ítélte el azokat, akik megsértették azt, és meg kellett halniuk. Csak megtanította az embereknek az igazságot, úgy, hogy legalább eggyel több lélek is bűnbánatot tartson, és üdvösséget nyerjen.

Ha Jézus mindenkit szigorúan a törvény alapján mért volna, senki nem tudta volna fogadni a megváltást. A törvény Isten parancsolatait jelenti, amely megmondja, hogy mit tegyünk, mit ne, és hogy bizonyos dolgokat hogyan kell betartani. Például van olyan parancs, hogy "tartsd meg a szombatot szentnek; ne kívánd a szomszédod háztartását; tiszteld a szüleidet, és vesd el minden formáját a gonosznak." A végső célja minden törvénynek a szeretet. Ha betartod a törvényeket és a szabályokat, akkor gyakorolhatod a szeretetet, legalábbis külsőleg.

De amit Isten akar tőlünk, az nem csak annyi, hogy a törvényt betartsuk a tetteinkkel. Azt akarja, hogy gyakoroljuk a törvényt, de a szeretet jegyében, ami a szívünkben van. Jézus ismerte Isten szívét, és beteljesítette a törvényt a szeretettel. Az egyik legjobb példa erre az eset, amikor egy nőt elkapott házasságtörés közben (János 8). Egy nap, az írástudók és farizeusok egy nőt hoztak Jézus elé, akit elkaptak a házasságtörés jelenetében, és megkérdezték Jézust: *"A törvényben pedig megparancsolta nékünk Mózes, hogy az ilyenek köveztessenek meg: te azért mit mondasz?"* (János 8,5).

Azért mondták ezt, hogy okot találjanak arra, hogy vádakat fogalmazhassanak meg Jézus ellen. Mit gondolsz, az asszony mit érzett ebben a pillanatban? Biztos nagyon szégyellte, hogy a bűne kiderült mindenki előtt, és meg is remegett a félelemtől, mert volt, hogy az ilyen nőt halálra kövezték. Ha Jézus azt mondta volna: "Kövezzétek meg," az élete véget ért volna, mert annyi követ dobtak volna rá.

Jézus azonban nem mondta nekik, hogy büntessék meg az asszonyt a törvény szerint. Ehelyett lehajolt, és elkezdett írni valamit a földön az ujjával. A bűnök neve volt ez, amelyeket az emberek, akik ott voltak, közösen elkövettek. Miután felsorolja a bűneiket, felállt és azt mondta: „*A ki közületek nem bűnös, az vesse rá először a követ*" (7. vers). Aztán lehajolt újra, és megint elkezdett írni.

Ezúttal leírta a bűneit minden egyes embernek, mint aki látta őket, hogy mikor, hol és hogyan követték el őket. Azok, akik lelkiismeret-furdalást éreztek, elhagyták a helyet egyenként. Végül már csak Jézus és a nő maradt. A következő versek, a 10. és a 11. azt mondják: „*Mikor pedig Jézus felegyenesedék és senkit sem láta az asszonyon kívül, monda néki: Asszony, hol vannak azok a te vádlóid? Senki sem kárhoztatott-é téged? Az pedig monda: Senki, Uram! Jézus pedig monda néki: Én sem kárhoztatlak: eredj el és többé ne vétkezzél!*"

Nem tudta a nő, hogy a büntetés házasságtörésért a halálra kövezés volt? Persze, hogy tudta. Ismerte a törvényt, de elkövette a bűnt, mert nem tudta legyőzni a vágyát. Csak arra várt, hogy halálra kövezzék, hiszen a bűne már kiderült, és ahogy váratlanul megtapasztalta a megbocsátást Jézustól, milyen mélyen megrendülhetett! Mindaddig, amíg eszébe jutott Jézus szeretete, nem lett volna képes újra bűnözni.

Mivel Jézus az Ő szeretetével megbocsátotta a nőnek, hogy megsértette a törvényt, azt jelenti ez, hogy a törvény elavult, ha szeretjük Istent és a szomszédainkat? Nem azt jelenti. Jézus azt mondta: „*Ne gondoljátok, hogy jöttem a törvénynek vagy a prófétáknak eltörlésére. Nem jöttem, hogy eltöröljem, hanem inkább, hogy betöltsem*" (Máté 5,17).

Az Isten akaratát tökéletesebben tudjuk gyakorolni, mert adott a törvény. Ha valaki csak azt mondja, hogy szereti az Istent, nem tudjuk megmérni, hogy milyen mély és széles a szeretete. Azonban a szeretetének a mértéke ellenőrizhető, mert adott a törvény. Ha igazán szereti Istent, a teljes szívéből, biztosan betartja a törvényt. Egy ilyen embernek nem nehéz betartani a törvényt. Sőt, olyan mértékben, amennyire betartja a törvényt, megkapja Isten szeretetét és áldását.

Azonban a törvényeskedők (bírák) Jézus idején nem voltak érdekeltek az Isten szeretetében, ahogy az a törvényben található. Nem összpontosítottak arra, hogy a szívüket szentesítsék, csak tartani akarták a formaságokat. Úgy érezték, elégedettek, sőt büszkék lehetnek csupán arra, hogy a törvényt látszólag, külsőségekben betartották. Azt hitték, hogy betartják a törvényt, így azonnal megítélték és elítélték azokat, akik megsértették a törvényt. Amikor Jézus elmagyarázta nekik az igazi jelentést, amelyet a törvény tartalmazott, azt mondták, Jézusnak nem volt igaza, és hogy démonokkal jár.

Mivel a farizeusokban nem volt szeretet, a törvény alapos betartása egyáltalán nem hozott hasznot a lelküknek (1 Korinthusiak 13,1-3). Nem dobták el a gonoszt a szívükből, csak ítéletet és elítélést mondtak másokra, és így távol tartották magukat Istentől. Végül, elkövették az Isten Fiának a keresztre feszítése bűnét, amelyet nem lehetett visszafordítani.

Jézus teljesítette a gondviselést, amely arról szól, hogy a halálig engedelmeskedünk

A három éves szolgálata végén, Jézus elment az Olajfák hegyére, mielőtt a szenvedése elkezdődött. Mivel az éjszaka egyre közeledett, Jézus komolyan imádkozott a keresztre feszítés előtt. Az imája egy kiáltás volt, hogy megmentse a lelkeket az Ő vére, ami teljesen ártatlan volt. Ezzel az imával kérte a hatalmat, hogy legyőzhesse a szenvedést a kereszten. Nagyon buzgón imádkozott, és a verítéke nagy vércseppekké változott, amelyek lehulltak a földre (Lukács 22,42-44).

Azon az estén, Jézust elfogták a katonák, és egyik helyről a másikra vitték, hogy kérdéseket tegyenek fel neki. Végül megkapta a halálos ítéletet Pilátus udvarában. A római katonák töviskoszorút tettek a fejére, leköpdösték és megütötték, mielőtt elvitték a végrehajtás helyére (Máté 27,28-31).

A testét vér borította. Kigúnyolták és korbácsolták egész éjjel, és ezzel a testtel Jézus felment a Golgota hegyére, hordozva a fakeresztet. Nagy tömeg követte Őt. Egyszer üdvözölték, azt kiabálva: „Hozsánna", de kiabáló tömeggé változtak, ezt kiáltva: „Feszítsd meg!" Jézus arca annyira véres volt, hogy lehetetlen volt felismerni. Minden erejét kimerítették a kínzó testi fájdalmak, és rendkívül nehéz volt neki, hogy egyetlen lépést tegyen előre.

Miután elérték a Golgotát, Jézust keresztre feszítették, hogy megváltson minket a bűneinktől. Azért, hogy megváltson minket, akik a törvény átka alatt voltunk, amely szerint a bűn zsoldja a halál (Rómaiak 6,23), egy fából készült kereszten lógott, és a vérét ontotta ki. Megbocsátotta a bűneinket, amelyeket a gondolatainkkal követünk el, viselve a tövisekből álló koronát a fején. Megszögezték a kezét és a lábát, hogy megbocsáthatóak legyenek azon bűneink, amelyeket a kezünkkel meg a lábunkkal követünk el.

Az ostoba emberek, akik nem tudták ezt, kigúnyolták Jézust, aki a kereszten függött (Lukács 23,35-37). De még a kínzó fájdalma közepette is, Jézus imádkozott a megbocsátásért azoknak, akik keresztre feszítették Őt, ahogy a Lukács 23,34 rögzíti: „*Atyám! bocsásd meg nékik; mert nem tudják mit cselekesznek.*"

A keresztre feszítés az egyik legkegyetlenebb módszer az összes kivégzési módszer közül. Az elítélt viszonylag hosszabb ideig kell fájdalomtól szenvedjen, mint más büntetések esetében. A kezeket és a lábakat keresztül szögezik, a húst szétszakítva ezzel. Súlyos kiszáradás és vérkeringési zavar keletkezik. Ez a funkciók és a belső szervek lassú hanyatlását okozza. Az elítélt attól is szenved, hogy a rovarok megszállják, mert megérzik a vér szagát.

Mit gondolsz, mire gondolt Jézus, miközben a kereszten volt? Nem a kínzó fájdalomra, amit a testében érzett. Ahelyett arra gondolt, hogy miért teremtette Isten az embereket, az ember földi tanításának jelentésére, és hogy miért kellett, hogy feláldozza magát, mint engesztelő áldozat az ember bűnéért, és a hálaadás őszinte imáját ajánlotta fel.

Miután Jézus elszenvedte a fájdalmakat hat órán keresztül a kereszten, azt mondta: „*Szomjas vagyok*" (János 19,28). Ez lelki szomjúság volt, amely az a szomjúság, hogy megnyerjük a lelkeket, amelyek a halál útjára mennek. A számtalan lélekre gondolva, akik élni fognak ezen a földön a jövőben, Ő arra kért minket, hogy közvetítsük a kereszt üzenetét, és mentsük meg a lelkeket.

Jézus végül ezt mondta: „*Vége van!*" (János 19,30), és kilehelte a lelkét, miután ezt mondta: „*Atyám, a te kezeidbe [teszem le] az én lelkemet*" (Lukács 23,46). A lelkét Isten kezébe tette, mert befejezte a kötelességét, hogy megnyissa az utat az üdvösség felé az egész emberiség számára azáltal, hogy engesztelő áldozattá vált. Ez volt az a pillanat, amikor a legnagyobb szeretet törvénye beteljesült.

Azóta, a bűnfal, amely Isten és köztünk áll, lebomlott, és számunkra is lehetővé vált, hogy Istennel közvetlenül kommunikáljunk. Ezt megelőzően, a főpapnak kellett felajánlania az áldozatot a bűnbocsánatért a nép nevében, de ez nem így van többé. Bárki, aki hisz Jézus Krisztusban, eljöhet Isten szentélyébe, és imádhatja Istent közvetlenül.

Jézus előkészíti a mennyei lakhelyeket az Ő szeretetével

Mielőtt magára vette a keresztet, Jézus elmondta a tanítványainak, hogy milyen dolgok fognak bekövetkezni. Azt mondta nekik, hogy magára kell vennie a keresztet, hogy beteljesíthesse az Atya Isten gondviselését, de a tanítványok még mindig aggódtak. Ekkor elmagyarázta nekik a mennyei hajlékok lényegét, hogy megvigasztalja őket.

János 14,1-3 ezt tartalmazza: *"Ne nyugtalankodjék a ti szívetek: higyjetek Istenben, és higyjetek én bennem. Az én Atyámnak házában sok lakóhely van; ha pedig nem [volna], megmondtam volna néktek. Elmegyek, hogy helyet készítsek néktek. És ha majd elmegyek és helyet készítek néktek, ismét eljövök és magamhoz veszlek titeket; hogy a hol én vagyok, ti is ott legyetek."* Ami azt illeti, Ő legyőzte a halált és feltámadt, felment a mennybe, sok embert képviselve. Azért tette, hogy mennyei lakhelyeket készítsen elő a számunkra. Nos, mit jelent az, hogy „Elmegyek, hogy helyet készítsek neked?"

Az 1 János 2,2 ezt tartalmazza: *„ ...És ő engesztelő áldozat a mi vétkeinkért; de nemcsak a mienkért, hanem az egész világért* *is."* Mint mondta, ez azt jelenti, hogy bárki a mennyországba juthat, aki hisz, mert Jézus már lebontotta a bűnfalat, mely Isten és köztünk létezik.

Továbbá, Jézus azt mondta: „Az én Atyám házában sok hajlék van," és azt mondja, Ő azt akarja, hogy mindenki megváltást nyerjen. Nem azt mondta, hogy sok hajlék van a „mennyországban," hanem „az én Atyám házában," mert Istent nevezhetjük „Abba, Atyának" Jézus vérének drága munkája révén.

Az Úr továbbra is közbenjár értünk, szüntelenül. Komolyan imádkozik Isten trónja előtt, nem eszik és nem iszik (Máté 26,29). Imádkozik, hogy elnyerjük a győzelmet az emberi művelés során ezen a földön, és felfedi az Isten dicsőségét azzal, hogy a lelkünket boldogulni hagyja.

Továbbá, amikor a Nagy Fehér Trón Ítéletére sor kerül az emberi tanítás végekor, Ő továbbra is nekünk fog dolgozni. A bíróság ítéletekor mindenki fölött ítélkeznek, a legkisebb hiba nélkül, és mindenért, amit a földön tettünk. De Isten gyermekeinek az Úr lesz a szószólója, és erre fog hivatkozni majd: „lemostam a bűneiket az én véremmel," hogy jobb lakóhelyet és jutalmakat kapjunk a mennyben. Mert Ő lejött a földre, és megtapasztalt első kézből mindent, amin az emberek végigmennek, ezért Ő úgy viselkedik majd, mint egy ügyvéd. Hogyan érthetjük meg teljesen Krisztus szeretetét?

Isten megosztotta velünk az irántunk érzett szeretetét az Ő egyszülött Fia, Jézus Krisztus által. Ez a szeretet az a szeretet, amellyel Jézus nem kímélte magát, kiontva a vérét értünk, az utolsó cseppig. Ez a feltétel nélküli és változatlan szeretet, amellyel Ő megbocsát hetvenhétszer is. Ki szakíthat el minket ettől a szeretettől?

A Rómaiak 8,38-39-ben Pál apostol ezt mondja: *"Mert meg vagyok győződve, hogy sem halál, sem élet, sem angyalok, sem fejedelemségek, sem hatalmasságok, sem jelenvalók, sem következendők, Sem magasság, sem mélység, sem semmi más teremtmény nem szakaszthat el minket az Istennek szerelmétől, mely vagyon a mi Urunk Jézus Krisztusban."*

Pál apostol felismerte Isten szeretetét és Krisztus szeretetét, és feladta a saját életét teljesen, hogy engedelmeskedjen Isten akaratának, és úgy éljen, mint egy apostol. Sőt, Ő nem kímélte az életét akkor sem, amikor evangelizálta a pogányokat. Gyakorolta Isten szeretetét, amely számtalan lelket elvezetett az üdvösség útjára.

Annak ellenére, hogy úgy hívták: „a főkolompos a Názáreti szektában," Pál az egész életét a prédikátori feladatainak szentelte. Terjesztette az egész világon az Isten és az Úr szeretetét, amely mélyebb és szélesebb, mint bármely mértékegység. Imádkozom az Úr nevében, hogy Isten igaz gyermekei legyetek, akik betöltik a Törvényt szeretettel, és örök életet nyerjetek a legszebb mennyei lakóhelyen Új Jeruzsálemben, megosztva Isten és a Krisztus szeretetét együtt.

A szerző:
Dr. Jaerock Lee

Dr. Jaerock Lee Muanban, Jeonnam Tartományban, a Koreai Köztársaságban született, 1943-ban. A huszas éveiben hét évig gyógyíthatatlan betegségekben szenvedett, és a gyógyulás reménye nélkül várta a halált. Egy napon 1974-ben azonban a nővére elvitte egy templomba, és amikor letérdelt, hogy imádkozzon, az Élő Isten az összes betegségéből kigyógyította.

Attól a pillanattól fogva, hogy e csodás tapasztalat révén Dr. Lee találkozott az Élő Istennel, teljes szívéből és őszintén szereti Istent, és 1978-ban elhivatott az Ő szolgájaként. Buzgón imádkozott, hogy megérthesse Isten akaratát, és teljesen beteljesítse azt, és Isten igéjét teljesen betartotta. 1982-ben megalapította a Manmin Központi Egyházat Szöulban, Koreában, és azóta számtalan isteni munka történt ebben a templomban, beleértve a nagyszerű gyógyulásokat és a csodákat.

1986-ban lelkésszé szentelték a Jézus Sungkyul Koreai Egyházának éves összejövetelén, és négy évvel később, 1990-ben az istentiszteleteit elkezdték közvetíteni Ausztráliában, Oroszországban, a Fülöp-szigeteken, és számos más országban, a Far East Broadcasting Company, az Asia Broadcast Station, valamint a Washington Christian Radio System közreműködésével.

Három évvel később, 1993-ban a Manmin Központi Templomot beválasztották „A világ legjobb 50 temploma" közé, a Christian World magazin által (USA), és tiszteletbeli doktori címet kapott a Christian Faith College, Florida, USA, intézménytől, és 1996-ban doktori címet is – a lelkészi tudományokban – az iowai Kingsway Theological Seminary-től, az Egyesült Államokból.

1993 óta Dr. Lee a világmisszió terén vezető szerepet vállal, külföldön az Egyesült Államokban, Tanzániában, Argentínában, Ugandában, Japánban, Pakisztánban, Kenyában, a Fülöp-szigeteken, Hondurasban, Indiában, Oroszországban, Németországban és Peruban, és 2002-ben „világszintű lelkésznek" nevezték a vezető koreai keresztény újságok, a külföldi Nagy Egyesült Missziókban kifejtett tevékenységéért.

Különösen a 2006-os New York Crusade miatt nevezték ennek, amelyet a Madison Square Garden-ben tartottak, amely a világ leghíresebb arénája. Az eseményt 220 országban közvetítették. A 2009-es Israel United Crusade (Izraeli Egyesült Misszió) alatt, melyet az International Convention Center (ICC) helyszínén tartottak, bátran kijelentette, hogy Jézus Krisztus a Messiás és a Megmentő.

Az istentiszteleteit 176 országban közvetítik műholdon, beleértve a GCN TV-t, valamint „a világ legbefolyásosabb keresztény vezetői" közül az egyikként említették a nevét 2009-ben és 2010-ben a népszerű orosz keresztény magazinban, az *In Victory*-ban. A *Christian Telegraph* hírügynökség az erőteljes tévéközvetítéseit említi, valamint a tengerentúli szolgálatát mint lelkész.

2018 január a Manmin Központi Templom több mint 130. 000 tagot számlált, 11.000 hazai és külföldi leányegyháza volt szerte a világon, beleértve 53 hazai templomot, és eddig több mint 102 misszionáriust küldött 23 országba, beleértve az Egyesült Államokat, Oroszországot, Németországot, Kanadát, Japánt, Kínát, Franciaországot, Indiát, Kenyát, és sok más országot.

A mai napig Dr. Lee 110 könyvet írt, közöttük a rekord példányszámban eladott *Az örök élet megkóstolása a halál előtt, Életem, hitem, A kereszt üzenete, A hit mértéke, A Mennyország I és II, A pokol, Isten hatalma,* és a munkáit több mint 76 nyelvre lefordították.

A keresztény cikkei megjelennek a *The Hankook Ilbo, The JoongAng Daily, The Dong-A Ilbo, The Seoul Shinmun, The Kyunghyang Shinmun, The Hankyoreh Shinmun, The Korea Economic Daily, The Shisa News,* és a *The Christian Press* hasábjain.

Dr. Lee jelenleg több tisztséget tölt be: a Koreai Egyesült Szentség Egyház elnöke; a The Nation Evangelization Paper újság vezérigazgatója; a Global Christian Network (GCN) alapítója és igazgatótanácsának elnöke; a The World Christian Doctors Network (WCDN) alapítója és igazgatótanácsának elnöke; és a Manmin Nemzetközi Lelkészképző (MIS) alapítója és igazgatótanácsának elnöke.

Más, hasonlóan hatásos könyvek a szerzőtől:

Mennyország I & II

Egy részletes vázlat a mennyei állampolgárok dicsőséges körülményeiről, amelyet Isten dicsőségében élveznek.

A Kereszt Üzenete

Egy erőteljes ébresztő üzenet mindazoknak, akik spirituálisan alszanak. Ebben a könyvben megtalálod Isten igaz szeretetét, valamint megtudod: miért Jézus az egyedüli Megmentő?

Pokol

Egy őszinte üzenet az emberiségnek Istentől, aki azt kívánja, hogy egyetlen lélek se hulljon a pokol mélységeibe! Felfedezheted Hadész soha fel nem tárt képét, valamint a pokol kegyetlen valóságát.

Szellem, Lélek és Test I & II

Egy kézikönyv, mely segíti spirituális megértést a lélekkel, szellemmel, testtel kapcsolatban, és segít megtalálni, hogy milyen „énünk" van, hogy erőt nyerjünk, mellyel a sötétséget legyőzhessük, és a szellem emberévé váljunk.

A Hit Mértéke

Milyen mennyei helyet, és milyen koronákat és jutalmakat készítenek elő a számodra a mennyekben? Ez a könyv ellát bölcsességgel és útmutatással téged, hogy megmérhesd a hited, valamint a legjobb és a legérettebb hitet gyakorolhasd.

Ébredj Izrael!

Miért tartotta Isten a szemét a világ végétől máig Izraelen? Milyen gondviselést tartogat Izrael számára – akik ma is a Messiást várják – az utolsó napokra?

Életem, Hitem I & II

Dr. Jaerock Lee önéletrajza a legkellemesebb spirituális aromát nyújtja az olvasó számára, az élete az Isten iránti szeretet által kezdett virágozni, miután sötét hullámok, hideg járom jutott számára, valamint a legmélyebb elkeseredés.

Isten Hatalma

Egy kihagyhatatlan olvasmány, egy alapvető útmutató az igaz hit eléréséhez, és Isten csodáinak megtapasztalásához.

www.urimbooks.com

www.ingramcontent.com/pod-product-compliance
Lightning Source LLC
LaVergne TN
LVHW041929070526
838199LV00051BA/2757